KB186559

The Stars / The Last Lesson

별/마지막 수업

별/마지막 수업

Copyright©2011 YBM | All rights reserved. No part of this publication may be reproduced, stored in a retrieval system, or transmitted in any form or by any means, electronic, mechanical, photocopying, recording, or otherwise, without the prior written permission of the publisher.

First edition: January 2011

TEL (02)2000-0515 | FAX (02)2271-0172
ISBN 978-89-17-23781-8

서면에 의한 YBM의 허락 없이 내용의 일부 혹은 전부를 인용 및 복제하거나 발췌하는 것을 금합니다.
▶ 낙장 및 파본은 교환해 드립니다. 구입 철회는 구매처 규정에 따라 교환 및 환불 처리됩니다.

YBM Reading Library 는...

쉬운 영어로 문학 작품을 즐기면서 영어 실력을 크게 향상시킬 수 있도록 개발
된 독해력 완성 프로젝트입니다. 전 세계 어린이와 청소년들에게 재미와 감동을
주는 세계의 명작을 이제 영어로 읽으세요. 원작에 보다 가까이 다가가는 재미와
명작의 깊이를 느낄 수 있을 거예요.

350 단어에서 1800 단어까지 6단계로 나누어져 있어 초·중·고 어느 수준에
서나 자신이 좋아하는 스토리를 골라 읽을 수 있고, 눈에 쉽게 들어오는 기본
문장을 바탕으로 활용도가 높고 세련된 영어 표현을 구사하기 때문에 쉽게 읽으
면서 영어의 맛을 느낄 수 있습니다. 상세한 해설과 흥미로운 학습 정보, 퀴즈 등
이 곳곳에 숨어 있어 학습 효과를 더욱 높일 수 있습니다.

이야기의 분위기를 멋지게 재현해 주는 삽화를 보면서 재미있는 이야기를 읽고,
전문 성우들의 박진감 있는 연기로 스토리를 반복해서 듣다 보면 리스닝 실력까지
크게 향상됩니다.

세계의 명작을 읽는 재미와 영어 실력 완성의 기쁨을 마음껏 맛보고 싶다면,
YBM Reading Library와 함께 지금 출발하세요!

YBM Reading Library

책을 읽기 전에 가볍게 워밍업을 한 다음, 재미있게 스토리를 읽고, 다 읽고 난 후 주요 구문과 리스닝까지 꼭꼭 다지는 3단계 리딩 전략! YBM Reading Library, 이렇게 활용 하세요.

In the Story

★ 스토리
재미있는 스토리를 읽어요. 잘 모른다고 멈추지 마세요. 한 페이지, 또는 한 chapter를 끝까지 읽으면서 흐름을 파악하세요.

★★ 단어 및 구문 설명
어려운 단어나 문장을 마주쳤을 때, 그 뜻이 알고 싶다면 여기를 보세요. 나중에 꼭 외우는 것은 기본이죠.

★ "I got lost on my way up the hill," said Stephanette. "Are you all right, mistress?" I asked.

She smiled and nodded at me as I helped her down [1] from the mule.

"But why have you come with my provisions?" I asked.

"The farm boy is sick," said Stephanette. "And Aunt Norada has gone on vacation with her children."

I could not take my eyes off her. She was wearing [2] flowery ribbons in her hair, and her lace skirt shimmered in the sunlight. It seemed like she was late because she stopped to dance in the ball.

★★★ ❓ Who brought the shepherd his provisions?
a. Aunt Norada
b. farm boy
c. Stephanette

★★
□ get lost 길을 잃다
□ mistress 여주인
□ nod at ~에게 고개를 끄덕이다
□ flowery 꽃무늬가 있는
□ shimmer 아른아른 빛나다
□ stop to + 동사원형 ~하려고 멈추다
□ ball 무도회

1 help A down from B A가 B에서 내리는 것을 도와주다
She smiled and nodded at me as I helped her down from the mule.
그녀가 노새에서 내리는 것을 도와주는 동안 그녀는 웃으며 나에게 고개를 끄덕였다.

★★★ 돌발 퀴즈
스토리를 잘 파악하고 있는지 궁금하면 돌발 퀴즈로 잠깐 확인해 보세요.

Mini-Lesson
너무나 중요해서 그냥 지나칠 수 없는
알짜 구문은 별도로 깊이 있게 배워요.

Check-up Time!
한 chapter를 다 읽은 후 어휘, 구문,
summary까지 확실하게 다져요.

Focus on Background
작품 뒤에 숨겨져 있는 흥미로운 이야기를
읽으세요. 상식까지 풍부해집니다.

2 take one's eyes off …에게서 눈(시선)을 떼다
I could not take my eyes off her.
나는 그녀에게서 눈을 뗄 수가 없었다.

Mini-Less•n

wear와 put on의 차이는?
wear는 '…을 입고[매고, 쓰고]있다'라는 뜻으로 상태에 중점을 둔 표현이고,
put on은 '…을 입다[매다, 쓰다]'라는 뜻으로 동작에 중점을 둔 표현이랍니다.
• She was wearing flowery ribbons in her hair. 그녀는 머리에 꽃무늬 리본을 매고 있었다.
• Put on this cap and you look better. 이 모자를 쓰거라 그러면 더 좋아 보일 거야.

Chapter 1 • 19

After the Story

Reading X-File 이야기 속에 등장했던
주요 구문을 재미있는 설명과 함께 다시 한번~

Listening X-File 영어 발음과 리스닝 실력을 함께
다져 주는 중요한 발음법칙을 살펴봐요.

MP3 Files
www.ybmbooksam.com에서 다운로드 하세요!

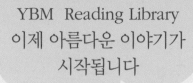

YBM Reading Library
이제 아름다운 이야기가
시작됩니다

The Stars/ The Last Lesson

The Last Lesson

Alphonse Daudet (1840~1897)

알퐁스 도데는 …

프랑스 남부 님(Nimes)에서 태어났으며 집안
이 파산하여 중학교 사환으로 일하는 등 불우
한 청소년기를 보냈다. 17세 때 파리로 이주한
그는 문학 수업에 전념하여 1858년 처녀 시집
〈연인들(Women in Love)〉을 발표하며 문단
에 데뷔하였다.

도데는 1866년 고향 프로방스 지방의 인물과 전원적
인 풍경들을 진한 감수성으로 표현한 첫 번째 단편집 〈방앗간 소식
(Letters from My Mill)〉을 발표하며 작가로서의 입지를 굳혔다. 이후
19세기 후반 프랑스 사회의 풍속과 방랑하는 예술가의 삶을 묘사하는 작품
들을 발표하던 그는 두 번째 단편집 〈월요이야기(The Monday Tales,
1873)〉에서 프로이센과 프랑스 전쟁의 참화를 생생하게 표현하였다. 도
데는 말년에 병으로 심한 고통을 겪었으나 그에 굴하지 않고 꾸준히 작품을
발표하며 치열한 작가 정신을 보여주었다.

40편이 넘는 단편 작품들을 통해 사회의 다양한 인물들을 사실적으로 묘사
한 도데는 예민한 감수성과 시정 넘치는 유연한 문체로 프랑스의 대표적인
작가라는 평가를 받고 있다.

The Stars

〈별〉은 산속에서 염소들을 돌보던 목동이 흠모해오던 아름다운 주인집 아가씨에게 밤하늘의 별과 그에 얽힌 이야기들을 들려주며 가슴 벅찬 시간을 보낸다는 이야기로, 목동의 순수한 사랑을 서정적으로 그린 수작이다.

The Last Lesson

〈마지막 수업〉은 수업에 지각하던 소년 프란츠가 독일군의 명령으로 더 이상 프랑스어를 공부할 수 없게 되자 뒤늦게 모국어의 소중함을 깨닫게 된다는 이야기로 전쟁의 폐해와 조국에 대한 작가의 애정이 잘 드러나 있다.

Mr. Seguin's Goat

〈스갱 씨의 염소〉는 자신의 목초지에서 염소를 안전하게 보호하려는 스갱 씨와 여기서 탈출해 산속의 자유를 누리며 용감하게 늑대에 맞서 싸우는 어린 염소를 통해, 스스로 택한 자유와 그에 따른 책임의 가치를 그리고 있다.

Salvette and Bernadou

〈살베뜨와 베르나도〉는 프로이센과의 전쟁에서 부상을 당한 프랑스 병사 두 사람의 우정을 그린 작품으로 전쟁으로 고통 받는 평범한 개인의 모습을 사실적으로 표현하고 있다.

a Beautiful Invitation
– YBM Reading Library

The Stars

Alphonse Daudet

Alone on the Mountain

산 속의 외톨이

Many years ago, I was a shepherd in the Luberon region of France. I lived there alone with my dog and my flock for company.

Sometimes I didn't see another living soul for weeks. From time to time, the hermit of Mount Lure passed by or I saw some of the coalminers of Piedmont. But these were all quiet, naive folk who spent most of their days alone and rarely spoke to strangers. So they knew nothing of what was happening in the outside world.

□ shepherd 목동, 양치기
□ region 지역
□ flock (가축의) 무리, 떼
□ for company 동행자로
□ living soul 살아있는 것
□ hermit 종교적 은둔자, 수행자
□ pass by 지나가다
□ coalminer 광부
□ naive 순진한

□ folk 사람들
□ rarely 거의 …않는
□ every + 시간/기간 …마다
□ provision 식량, 양식
□ on a mule 노새에 싣고
□ birth 출생
□ marriage 결혼
□ death 죽음, 사망
□ lowland 아랫마을, 저지대

    Every two weeks, the farm boy or old Aunt Norada,
would come with my provisions on a mule. I was [1]
always happy to see them. They would tell me about
the births, marriages and deaths of the lowland.

---

1 **would＋동사원형** (과거의 습관) …하곤 했다
   Every two weeks, the farm boy or old Aunt Norada, would
   come with my provisions on a mule.
   이 주일마다, 농장 소년이나 노라다 아주머니가 노새에 식량을 싣고 오곤 했다.

The news that interested me the most was about my
master's daughter. Her name was Stephanette, and she
was the most beautiful girl in the surrounding area.

Without seeming to take too much interest, I asked
about Stephanette's activities and if she had any new
suitors. If people asked me why a poor shepherd like
me wanted to know, I would reply, "Stephanette is
very beautiful. I have admired her for twenty years."

One Sunday, my provisions did not arrive at the usual time.

"It must be the weather," I thought as I watched [1] the dark clouds gathering in the sky. I waited patiently, but no one came.

Around noon, a big storm arrived. The heavy rain poured down, and the thunder and lightning boomed and crackled in the sky. I thought the mule would be unable to climb the muddy paths. [2]

□ interest ···의 관심(흥미)을 끌다
□ master 주인
□ surrounding area 주변 지역
□ seem to + 동사원형 ···하는 것처럼 보이다
□ take interest 관심을 갖다
□ suitor 구혼자
□ admire 우러러보다
□ at the usual time 평소와 같은 시간에
□ gather 모이다

□ patiently 참을성 있게, 끈기 있게
□ pour down 쏟아 붓다
□ thunder 천둥
□ lightning 번개
□ boom 쾅 소리를 내다
□ crackle 우지직 소리를 내다
□ muddy 진흙투성이의
□ path 길

[1] **must be** ···임에 틀림없다 (추측)
It must be the weather.
이는 날씨 때문임에 틀림없어.

[2] **be unable to + 동사원형** ···하는 것이 불가능하다
I thought the mule would be unable to climb the muddy paths.
나는 노새가 진흙투성이의 길을 오르는 것이 불가능할 것이라고 생각했다.

After the storm lasted for about three hours, the sky cleared. The sun was casting its warm rays over the hills. I could hear the water dripping from the leaves and the swollen rivers overflowing into the fields.

All of a sudden, I heard the bells of the mule tinkling

See p.112

Mini-Less☀n

가주어 vs. 진주어

What a wonderful surprise it was to see her! (그녀를 보다니 정말 신나고도 놀라운 일이었다!)에서 it은 주어 to see her 대신 쓴 것이죠. 그래서 it을 '가주어' 라고 하고 to see her를 '진주어' 라고 한답니다.

• It was his idea to send her away. 그녀를 보내 버리는 것은 그의 생각이었다.

merrily like those at Easter time.* But it was
not the little farm boy or Aunt Norada who
was driving it. You'll never guess who it was.

부활절은 예수의 부활을
기념하는 기독교의 축일로
3월 21일 이후 보름달이 뜬
다음에 오는 일요일로,
3월 22일부터 4월 24일
사이에 오답니다.

  It was the beautiful Stephanette! Oh, what a wonderful ☀
surprise it was to see her! She was sitting on the mule's
back between the baskets. She looked so pink and fresh
in the clean mountain air.

□ last 지속되다, 계속되다
□ clear 맑아지다, 개다
□ cast rays 빛을 비추다
□ drip from …에서 떨어지다
□ swollen (강물이) 불어난
□ overflow into …로 넘치다

□ all of a sudden 갑자기
□ tinkle (작은 방울이) 딸랑딸랑 울리다
□ merrily 기쁘게
□ at Easter time 부활절 주간에
□ drive (가축 등)을 몰다
□ sit on one's back …의 등에 앉다

"I got lost on my way up the hill," said Stephanette.

"Are you all right, mistress?" I asked.

She smiled and nodded at me as I helped her down [1] from the mule.

"But why have you come with my provisions?" I asked.

"The farm boy is sick," said Stephanette. "And Aunt Norada has gone on vacation with her children."

I could not take my eyes off her. She was wearing ☀ [2] flowery ribbons in her hair, and her lace skirt shimmered in the sunlight. It seemed like she was late because she stopped to dance in the ball.

❓ Who brought the shepherd his provisions?
a. Aunt Norada
b. farm boy
c. Stephanette

정답 c

□ **get lost** 길을 잃다
□ **mistress** 여주인
□ **nod at** …에게 고개를 끄덕이다
□ **flowery** 꽃무늬가 있는

□ **shimmer** 아른아른 빛나다
□ **stop to + 동사원형** …하려고 멈추다
□ **ball** 무도회

---

1 **help A down from B** A가 B에서 내리는 것을 도와주다
She smiled and nodded at me as I helped her down from the mule.
그녀가 노새에서 내리는 것을 도와주는 동안 그녀는 웃으며 나에게 고개를 끄덕였다.

2 take one's eyes off …에게서 눈(시선)을 떼다

I could not take my eyes off her.

나는 그녀에게서 눈을 뗄 수가 없었다.

Mini-Lesson

wear와 put on의 차이는?

wear는 '…을 입고(매고, 쓰고)있다' 라는 뜻으로 상태에 중점을 둔 표현이고,
put on은 '…을 입다(매다, 쓰다)' 라는 뜻으로 동작에 중점을 둔 표현이랍니다.

- She was wearing flowery ribbons in her hair. 그녀는 머리에 꽃무늬 리본을 매고 있었다.
- Put on this cap and you look better. 이 모자를 쓰거라 그러면 더 좋아 보일 거야.

"Oh, what a lovely creature she is!" I thought as
I gazed at her beauty.

It is true that I had never seen her so close before.
In the winter I took my goats down to the plains.
Sometimes her father would invite me to dinner at
his farm. Stephanette would walk silently across the
room and she would talk quietly to the servants. But
mostly she remained silent.

And now she was alone in front of me! How could
I not lose my heart to her?

When Stephanette had drawn my provisions from the baskets, she looked curiously around.

"So this is where you live, my poor shepherd," she said. "But where do you sleep?"

"Over there," I replied.

I led her to the small cabin where I had a bed of [1] straw covered with goatskins. Then I pointed to some hooks on the wall.

"And this is where I hang my cloak and my gun," I said.

Stephanette smiled gently.

"You must be so lonely and bored," she said. "What do you do during your days?"

- □ creature 사람, 녀석
- □ gaze at 응시하다, 바라보다
- □ plain 평원
- □ invite A to B A를 B에 초대하다
- □ remain silent 침묵을 지키다
- □ lose one's heart to …에게 마음을 빼앗기다 (lose-lost-lost)
- □ draw A from B B에서 A를 꺼내다
- □ straw 짚
- □ covered with …로 덮인
- □ goatskin 염소 가죽
- □ hook 고리
- □ hang 걸다 (hang-hung-hung)
- □ cloak 망토

---

1 **lead A to B** A를 B로 안내하다
I led her to the small cabin where I had a bed of straw covered with goatskins.
나는 그녀를 염소 가죽으로 덮인 짚으로 만든 침대가 있는 작은 통나무집으로 안내했다.

I wanted to say, "I only think of you, mistress!"

But I could not tell her that, so I said nothing. I could see that she took pleasure in my embarrassment.

"Do your friends come to see you sometimes?" she asked. "Or perhaps the fairy, Esterel?"

She laughed so prettily that she reminded me of Esterel. I did not know how to reply, so I didn't say anything.

She looked at me closely for a moment, and then turned to leave.

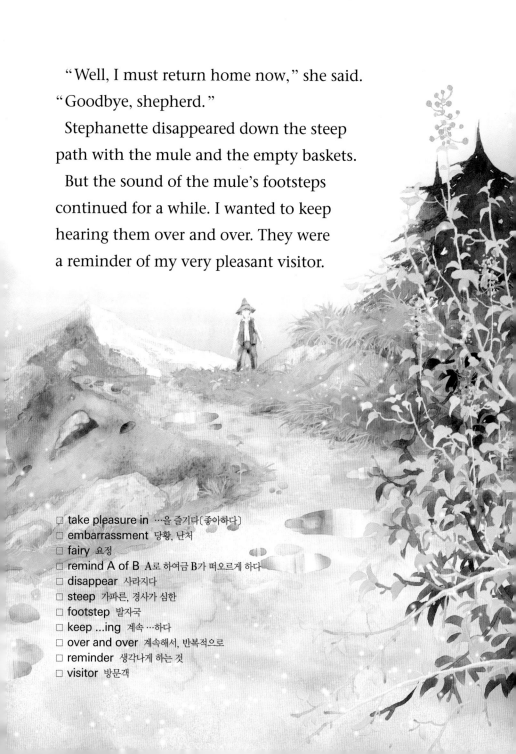

"Well, I must return home now," she said. "Goodbye, shepherd."

Stephanette disappeared down the steep path with the mule and the empty baskets.

But the sound of the mule's footsteps continued for a while. I wanted to keep hearing them over and over. They were a reminder of my very pleasant visitor.

☐ take pleasure in …을 즐기다(좋아하다)
☐ embarrassment 당황, 난처
☐ fairy 요정
☐ remind A of B A로 하여금 B가 떠오르게 하다
☐ disappear 사라지다
☐ steep 가파른, 경사가 심한
☐ footstep 발자국
☐ keep ...ing 계속 …하다
☐ over and over 계속해서, 반복적으로
☐ reminder 생각나게 하는 것
☐ visitor 방문객

Check-up Time!

● **WORDS**

빈칸에 알맞은 단어를 보기에서 골라 써넣으세요.

naive	steep	flowery	swollen

1 Stephanette was wearing _____ ribbons in her hair.

2 She disappeared down the _____ path with the mule.

3 I could hear the _____ rivers overflowing into the fields.

4 They were _____ folk who spent most of their days alone.

● **STRUCTURE**

괄호 안의 두 단어 중 맞는 것에 동그라미 하세요.

1 I wanted to keep (hearing / hear) them over and over.

2 She was late because she stopped (dancing / to dance) in the ball.

3 I thought the mule would be unable (to climb / climbing) the muddy paths.

ANSWERS

Structure | 1. hearing 2. to dance 3. to climb
Words | 1. flowery 2. steep 3. swollen 4. naïve

본문의 내용과 일치하면 T, 일치하지 않으면 F에 표시하세요.

		T	F
1	The heavy rain poured down all day.	☐	☐
2	Sometimes the fairy visited the shepherd.	☐	☐
3	Stephanette would talk to the servants quietly.	☐	☐
4	The shepherd was sometimes invited to the Stephanette's house during winter.	☐	☐

● SUMMARY

빈칸에 맞는 말을 골라 이야기를 완성하세요.

A young (　　) lived alone on a mountain in France. Every two weeks, the farm boy or Aunt Norada brought him his (　　). They also brought with them news of the (　　) world and his master's daughter Stephanette. The shepherd had (　　) her for twenty years. One day, the shepherd was surprised and excited when Stephanette arrived with his provisions.

a. outside 　　b. shepherd
c. admired 　　d. provisions

ANSWERS

Summary | b, d, a, c
Comprehension | 1. F 2. F 3. T 4. T

CHAPTER 2

Stars in the Sky

하늘의 별들

About evening, the bottom of the valleys started to become blue. I brought the flocks of the sheep to the fields that were close to where I slept.

As I was finishing my chores, I heard a voice come from below near my house. It was Stephanette who was calling me.

She was no longer laughing. Now she was wet through and shivering with cold and fear.

"On the way to the lowlands, there is the river as you know," she said in a trembling voice. "The water from the storm has flooded the river. I tried to get across, but I almost drowned. I was really scared and didn't know what to do, so I returned here."

□ chore 자질구레한 일
□ wet through 홀딱 젖은
□ shiver 떨다
□ with cold and fear 추위와 공포로
□ in a trembling voice 떨리는 목소리로
□ flood 범람시키다
□ get across 건너다

□ almost 거의 …할 뻔 하다
□ drown 익사하다
□ leave ... alone …을 내버려 두다
□ guide A back to B A를 안내하여 다시 B로 데려다 주다
□ scary 무서운, 겁나는
□ reassure 안심시키다

Stephanette did not know any other way home.
And I could not leave my goats alone to guide her
back to her father.

I was worried and didn't know what to do. I
thought it was really scary for her to spend the night
on the mountain, so I tried to reassure her.

"In July, the nights are short, mistress,"
I said. "Daylight will soon be here, and it is just one
night."

I built a big fire to dry her damp clothes and wet
feet. Then I warmed some milk for her, and gave her
some cheese. But she was too upset to eat or drink.
Large tears fell from her eyes and I almost felt like [1]
crying, too.

When the night finally came, I tried to get
Stephanette to relax. In my bed I spread fresh straw
for her and covered it with a soft new goatskin. I said
goodnight and went outside to guard the door.

I tried not to think of the young lady who was resting in my house. I felt proud that I had taken the great responsibility of watching over such a precious person.

I thought the stars shone more brightly than ever that night. I could hear the goats gently moving in their straw bedding and softly bleating in their dreams.

Suddenly, Stephanette appeared beside me. She could not sleep and wanted to warm herself by the fire. I gave her the goatskin cloak which I wrapped around me. Then we sat silently side by side in front of the flames.

□ daylight 낮
□ build a fire 불을 피우다
□ damp 젖은, 축축한
□ too + 형용사(A) + to + 동사원형(B)
　너무 A해서 B하지 못하는
□ upset 당황한, 심란한
□ guard 지키다
□ rest 쉬다, 휴식을 취하다
□ take the responsibility of
　…하는 책임을 지다
□ watch over 돌보다, 지키다

□ such + (a) + 형용사(A) + 명사(B)
　너무나 A한 B
□ shine 빛나다
　(shine-shone-shone)
□ than ever 어느 때 보다
□ bedding (동물의) 잠자리
□ bleat (양이나 염소가) 매애 하고 울다
□ wrap around …을 감싸다
□ side by side 나란히
□ flame 불꽃

1 **feel like ...ing** …하고 싶다
Large tears fell from her eyes and I almost felt like crying, too.
그녀의 눈에서 굵은 눈물이 떨어졌고 나도 거의 울고 싶었다.

Have you ever spent the night under the stars? If so, you will know that as we sleep a mysterious world is awakened in us.

The reflections of the moon and stars in the ponds seem to flicker like flames. Any sound is heard more clearly in the loneliness and silence. And in the quiet of a long night, it seems as if you can almost [1] hear the trees and grasses grow.

That is when you know that the day is more suited to human beings, and the night is the time for other living things to be active. People who aren't used to the darkness are afraid of the night.

Stephanette trembled at the slightest noise and moved closer to me. We saw a beautiful shooting star in the sky.

□ mysterious 신비한
□ be awakened 깨어나다
□ reflection 반사된 빛
□ flicker (빛이) 깜빡이다
□ loneliness 외로움, 고독
□ quiet 고요함, 정적
□ be suited to …에 적합하다
□ active 활동하는
□ be used to …에 익숙하다
□ darkness 어둠
□ be afraid of …을 두려워하다(무서워하다)

□ slight 약간의, 조금의
□ shooting star 별똥별, 유성
□ pass from A into B A에서 B 안으로 옮겨가다
□ earthly 이승의, 현세의
□ heaven 천국
□ make the sign of the cross 가슴에 성호(십자가)를 긋다
□ prayer 기도
□ snuggle to …에 바싹 달라붙다

"What is that?" she whispered fearfully.

"It's a soul passing from its earthly body into heaven, mistress," I said.

Then I made the sign of the cross. She did the same and whispered a silent prayer. Then she snuggled closer to me.

---

1 **it seems as if** 절 …하는 것 같다
And in the quiet of a long night, it seems as if you can almost hear the trees and grasses grow.
그리고 긴 밤의 고요함 속에서는, 초목들이 자라는 소리도 들을 수 있을 것 같다.

"So shepherd, is it true that you and your people are wizards?" she asked.

"No, mistress," I said. "But we live more close to stars. We know what occurs there better than people from the plains."

With her head resting on her hands, she looked up  at the sky again.

"It is so beautiful," she said. "I have never seen so many beautiful stars in my life. I think you know the names of the stars, shepherd?"

"Yes, mistress, I do," I said. "Just above us is the Way of Saint Jacques. It is also called the Milky Way. Saint Jacques of Galacia and his men followed it from France to Spain to join Charlemagne[*]in the war against the Saracens."

샤를마뉴 대제는 신성 로마 제국의 황제로 서유럽 대부분을 정복했답니다.

I pointed to another and said, "That one there is Ursa Major with its four splendid axles. The three stars in front are the Three Animals, and the small one is the Carter. Do you see the rain falling around those stars?"

"Oh, yes, I can just see it," she said.

□ wizard 마법사
□ occur 일어나다, 발생하다
□ rest on …위에 놓이다
□ look up at …을 올려다보다
□ saint 성인
□ Milky Way 은하수

□ Saracens (십자군 시대의) 아라비아 사람 (이슬람 교도)
□ Ursa Major 큰 곰자리
□ splendid 아주 멋진, 훌륭한
□ axle 축
□ Carter 마차부

Mini-Lesson

See p. 113

with + 명사(A) + 분사형 동사(B): A를 (가) B한 채 (하는 동안)

어떤 동작이 다른 동작과 동시에 일어나는 상황을 설명하고 싶을 때는 「with + 명사(A) + 분사형 동사(B)」를 써서 나타내며, 'A를 (가) B한 채'로 해석하면 된답니다.

• With her head resting on her hands, she looked up at the sky again.
  양손에 머리를 받친 채, 그녀는 다시 한번 하늘을 올려다 보았다.

• Tom read a book with his friend playing video games.
  친구가 비디오 게임을 하는 동안 톰은 책을 읽었다.

"Well, they are the hearts of the ungodly who cannot go to heaven," I continued. "Can you see that star a little further down toward the horizon? That is Orion. At night we can tell the time by his [1] position in the sky. So I know that it is now after midnight. And see that star a little lower to the south? That is Sirius, the torch of the stars. It is said [2] that one night, Sirius, Orion, and Pleiades were invited to the wedding of a star. Pleiades went first and flew into the night sky. See, there she is at the bottom of the sky."

"Oh, yes," said Stephanette. "I can see her."

[1] **tell the time by one's position** ···의 위치로 시간을 알다
At night we can tell the time by his position in the sky.
밤에는 하늘에서 저 별자리의 위치로 시간을 알 수 있어요.

[2] **It is said that** 절 (세간의 이야기가) ···라고 전해지고 있다
It is said that one night, Sirius, Orion, and Pleiades were invited to the wedding of a star.
어느 날 밤, 시리우스, 오리온, 플레이아데스가 어떤 별의 결혼식에 초대를 받았다고 전해지고 있어요.

"Orion left soon after and caught up with her," I said. "But lazy Sirius stayed too late and was left behind. He was very angry so he threw his stick to stop them. That is why Orion is sometimes called The Stick of Sirius. But the most beautiful of all stars, mistress, is the Evening Star. She lights our way at dawn when we leave with our flock, and also in the evening when we return. We call her Maguelonne. It is the beautiful Maguelonne who runs after Saturn and marries him every seven years."

? What is the other name of Orion?
a. Pleiades
b. The Stick of Sirius
c. Evening Star

 요답은 q

- □ the ungodly
  죄 많은(부도덕한) 사람들
- □ horizon 수평선, 지평선
- □ midnight 자정
- □ torch 횃불
- □ soon after 바로 뒤에
- □ catch up with 따라잡다

- □ be left behind 뒤쳐지다
- □ throw 던지다 (throw-threw-thrown)
- □ Evening Star 금성 (= Venus)
- □ light one's way …의 길에 빛을 비추다
- □ at dawn 동이 틀 무렵에
- □ run after 뒤쫓다
- □ Saturn 토성

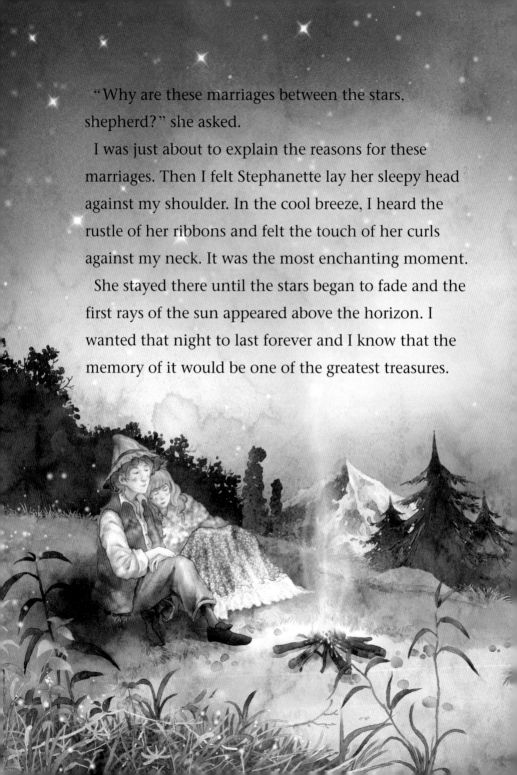

"Why are these marriages between the stars, shepherd?" she asked.

I was just about to explain the reasons for these marriages. Then I felt Stephanette lay her sleepy head against my shoulder. In the cool breeze, I heard the rustle of her ribbons and felt the touch of her curls against my neck. It was the most enchanting moment.

She stayed there until the stars began to fade and the first rays of the sun appeared above the horizon. I wanted that night to last forever and I know that the memory of it would be one of the greatest treasures.

The stars sparkled in the sky and I looked at sleeping Stephanette. Around us the stars were silent as they journeyed across the sky. At times I felt like I was one of them. And I was delighted that the finest and brightest star of all had gently laid her head on my shoulder to sleep.

□ **breeze** 미풍
□ **rustle** 바스락거리는 소리
□ **curl** 곱슬머리
□ **enchanting** 매혹적인, 마법의
□ **fade** 사라지다
□ **treasure** 귀한 것, 보물

□ **sparkle** 반짝거리다
□ **journey** 여행하다
□ **at times** 때때로, 가끔씩
□ **feel like** (that)절 …처럼 느껴지다
□ **be delighted that** 절
　 …해서 기뻐하다

1 **be about to + 동사원형** 막 …하려고 하다
I was just about to explain the reasons for these marriages. 나는 막 이들 결혼의 이유를 설명하려고 했다.

2 **lay A against (on) B** A를 B에 기대다 (두다)
Then I felt Stephanette lay her sleepy head against my shoulder.
그때 나는 스테파네트 아가씨가 졸린 머리를 내 어깨에 기대는 것을 느꼈다.

⛰️ Check-up Time!

● **WORDS**

단어와 단어의 뜻을 서로 연결하세요.

1 wizard •   • a. a hot bright stream of burning gas

2 flame •   • b. a long stick with burning material
                              at one end

3 torch •   • c. a place where good people go
                              when they die

4 heaven •   • d. a man who has magic powers

● **STRUCTURE**

알맞은 전치사를 보기에서 골라 문장을 완성하세요.

to	by	with	from

1 It's a soul passing _____ its earthly body into heaven.
2 Orion left soon after and caught up _____ her.
3 The day is more suited _____ human beings.
4 At night we can tell the time _____ his position in
   the sky.

ANSWERS

Words | 1. d 2. a 3. b 4. c
Structure | 1. from 2. with 3. to 4. by

● COMPREHENSION

빈칸에 알맞은 내용을 보기에서 찾아 문장을 완성하세요.

1 I gave her the goatskin cloak _____.

2 Large tears fell from her eyes _____.

3 With her head resting on her hand, _____.

> a. and I almost felt like crying, too
> b. which I wrapped around me
> c. she looked up at the sky again

● SUMMARY

빈칸에 맞는 말을 골라 이야기를 완성하세요.

> After Stephanette left, the shepherd finished his (   ).
> Then he heard the voice of Stephanette. She was wet
> through and (   ) because she had fallen into the
> river and almost (   ). She had to stay one night in
> the shepherd's cabin. At first she was afraid of the
> (   ), but with the help of the shepherd's star stories
> slowly she fell in a peaceful sleep.

a. drowned   b. shivering

c. chores   d. night

Milky Way & Venus 은하수와 금성

Milky Way 은하수

The Milky Way is the galaxy in which the solar system is located. It is also called the Way of Saint Jacques. It appears as a hazy band of white light arching around the entire celestial sphere. The Milky Way has a relatively low brightness, so it is difficult to see from urban or suburban locations suffering from light pollution. It is estimated to contain at least 200 billion stars and possibly 400 billion stars.

은하수는 태양계가 속해 있는 성단입니다. 은하수는 '성 야곱의 길' 이라고도 불립니다. 은하수는 천구를 아치형으로 가로지르는 흰 빛의 흐릿한 띠 모양으로 보입니다. 은하수는 비교적 광도가 낮기 때문에, 광공해가 있는 도시나 교외 지역에서는 보기가 힘듭니다. 은하수는 최소 2천억에서 최대 4천억 개의 별들로 이루어져 있는 것으로 추정되고 있습니다.

Venus 금성

Venus is the second planet from the sun. It is named after Venus, the Roman goddess of love and beauty. After the moon, it is the brightest natural object in the night sky. It reaches its maximum brightness shortly before sunrise or shortly after sunset, so it has been known as the Morning Star or Evening Star. It is classified as a terrestrial planet and it is sometimes called Earth's "sister planet" due to its similar size, gravity and composition.

금성은 태양에서 두 번째에 위치한 행성입니다. 금성(비너스)이라는 이름은 로마 신화의 사랑과 미를 상징하는 여신인 비너스를 따서 붙인 것입니다. 금성은 달에 이어서 밤하늘에서 두 번째로 밝은 천체입니다. 금성은 일출 직전이나 일몰 직후에 가장 밝기 때문에, '새벽 별' 혹은 '저녁 별'로 알려져 있습니다. 금성은 지구형 행성으로 분류되며 지구와 비슷한 크기, 중력 그리고 화학 조성 때문에 지구의 '자매 행성'으로 불리기도 합니다.

a Beautiful Invitation
– YBM Reading Library

The Last Lesson

Alphonse Daudet

CHAPTER 1

Late for School

학교에 지각하다

I was very late for school that morning. I knew my teacher, Mr. Hamel, would be angry with me. Yesterday he had said that he would question us on participles, but I did not know the first thing about them.

"I'm going to have a severe scolding from Mr. Hamel," [1] I thought.

It was so warm and bright outside. I could hear the sweet sound of the birds singing happily in the woods. For a while, I thought about running away and spending the day in the fields.

As I passed the edge of the woods, I could see the Prussian* soldiers practicing their drills.

프러시아 혹은 프로이센은
유럽 중부에 있던
왕국으로 1871년 프랑스와의
전쟁을 거쳐 후에
독일제국이 되었어요.

---

1 **have a scolding from** ···에게 꾸중을 듣다
I'm going to have a severe scolding from Mr. Hamel.
나는 하멜 선생님에게 심한 꾸중을 듣게 될 거야.

It seemed much more tempting than the rule for participles. But I resisted and hurried to school. I walked very quickly, and soon entered the town.

As I was making my way past the town hall, a large crowd of people was gathering at the bulletin board in front of the town hall. They were trying to see what was written on the board.

☐ question A on B A에게 B에
  대해 묻다〔질문하다〕
☐ participle 분사
☐ severe 심한, 가혹한
☐ run away 도망가다
☐ edge 가장자리, 끝
☐ Prussian 프로이센〔프러시아〕 사람의

☐ practice one's drill
  (군사) 훈련을 하다
☐ tempting 솔깃한, 끌리는
☐ resist 뿌리치다, 저항하다
☐ make one's way past …을 지나서 가다
☐ town hall 시청
☐ bulletin board 게시판

For the last two years all the bad news had come from there; the lost battles, the draft, the orders of the Prussian commanding officer.

"There really hasn't been any good news at all. I wonder if we finally have some," I thought. [1]

I ran by as fast as I could go. But Mr. Wachter, [2] the town blacksmith, saw me.

"Don't go so fast," he shouted. "You'll get to school in time!"

I thought he was making fun of me. Soon after, I walked into Mr. Hamel's garden which was just outside the school house. I was completely out of breath.

When I was about to enter the classroom, I felt something strange. Usually I could hear the pupils talking, and opening and closing their desks and Mr. Hamel's giant iron ruler tapping loudly on the table. I was hoping that I could quietly slip into the room. But today was different. There was only silence.

- □ battle 전투, 전쟁
- □ draft 징병
- □ order 명령
- □ commanding officer 부대 지휘관, 부대장(部隊長)
- □ blacksmith 대장장이
- □ in time 제시간에, 시간에 맞게
- □ make fun of 놀리다
- □ completely 완전히
- □ out of breath 숨을 헐떡이는
- □ pupil 학생
- □ iron ruler 쇠자
- □ tap loudly on ⋯을 시끄럽게 두드리다
- □ slip into ⋯로 살짝 들어가다
- □ silence 침묵, 고요함

---

1 **wonder if절** ⋯인지 아닌지 궁금하다
I wonder if we finally have some.
우리에게도 마침내 좋은 소식이 생긴 것인지 아닌지 궁금해.

2 **as + 부사의 원급 + as + 주어 + 동사** ⋯가 ~할 수 있는 한 가장 −하게
I ran by as fast as I could go.
나는 내가 갈 수 있는 한 가장 빠르게 달렸다.

I carefully peered in through the window and saw[1]
my classmates sitting at their desks. Mr. Hamel was
walking up and down carrying his iron ruler. My
face was blushed and my heart was pounding
furiously. I was really afraid to go in. But when
I opened the door, nothing happened.

Mr. Hamel saw me and said very kindly, "Go to
your place quickly, little Franz. We were going to
begin without you."

When I sat down, my heart was still pounding furiously. I sat there for a few minutes and tried to listen to Mr. Hamel.

After I had calmed down, I suddenly realized that he was dressed in his best clothes.

He was wearing his dark green coat with a frilled shirt and also wearing a black silk hat. Mr. Hamel usually wore them for inspection and prize giving days.

□ classmate 같은 반 친구
□ carry …을 들고 다니다
□ be blushed 붉어지다
□ pound (심장이) 두근거리다; 세게 치다
□ furiously 맹렬하게, 사납게

□ calm down 진정하다
□ be dressed in …을 입다
□ frilled 주름 장식이 달린
□ inspection 시찰, 감사
□ prize giving day 시상식 날

1 **peer in through** …을 통해 안을 들여다보다
   I carefully peered in through the window and saw my classmates sitting at their desks.
   조심스럽게 창문을 통해 안을 들여다보니 반 친구들이 책상에 앉아 있는 것이 보였다.

The whole school seemed strange and solemn. I turned to one of my classmates to ask what was happening. It was then that I saw old Hauser, the [1] former mayor and several others at the back of the classroom. Some of them even had their old textbooks open on their laps. They all looked very sad and serious.

All of a sudden, Mr. Hamel mounted his chair and spoke to us in a serious but gentle voice. Everyone was paying very close attention to what Mr. Hamel was saying.

"My children and gentlemen, an order has come from Berlin. From now on, only German can be taught in the schools of Alsace and Lorraine. Your new teacher will arrive tomorrow. So today I want you to pay close attention! This is your last French lesson with me."

□ solemn 엄숙한, 숙연한
□ turn to …로 몸을 돌리다
□ former 이전의
□ mayor 시장
□ textbook 교과서
□ on one's lap …의 무릎 위에
□ mount …에 올라가다
□ pay attention to …에 주의를 기울이다
□ from now on 앞으로, 지금부터

1 **It was then that〔when〕**절 그때서야 …했다, …한 것은 바로 그때였다 (강조)

It was then that I saw old Hauser, the former mayor and several others at the back of the classroom.

그때서야 나는 전 시장이었던 하우저 영감과 다른 어른 몇 분이 교실 뒤편에 앉아 계시다는 것을 알았다.

I was alarmed by his words. Now I knew what the crowd was reading about outside the town hall.

"Oh no," I thought, "my last French lesson. I shall never learn any more French! I hardly know how to write it. I was so foolish. I didn't pay attention in class or study hard. I wasted too much time looking for birds' eggs and playing with my friends."

Mini-Less🔅n

동명사의 주어는 어떻게 나타낼까요?

동명사의 의미상의 주어는 보통 동명사 바로 앞에 소유격을 써서 나타내지만, 목적격을 쓸 수도 있답니다.

- I felt even sadder about Mr. Hamel(= Mr. Hamel's) leaving.
  나는 하멜 선생님이 떠나셔서 더욱 슬펐다.
- She complained about us (= our) coming to class late.
  그녀는 우리가 수업에 늦은 것에 대해 불평했다.

I felt even sadder about Mr. Hamel leaving. I forgot ☀
all about his sharp iron ruler and his terrible anger.

Now I understood why the old men of the village
were here. They were sitting at the back of the
classroom. They had come to show their respect for
their country that was no longer theirs. And they
had come to pay their respects to Mr. Hamel for his
forty years of faithful teaching.

I was deep in thought at my desk when I suddenly
heard my name being called out.

"Franz, Franz! Recite your participles that we
learned yesterday," said Mr. Hamel.

I was suddenly brought back to reality. Mr. Hamel
was talking to me. I froze. It was my turn to recite
my participles.

"Oh, I wish I had learned them," I thought.

□ be alarmed by …에 깜짝 놀라다
□ hardly 거의 …이 아니다
□ waste + 시간 + …ing …하며 시간을
　낭비하다(허비하다)
□ even + 형용사 비교급 훨씬 더 …한
□ show(pay) one's respect(s)
　for(to) …에게 경의를 표하다
□ faithful 충실한, 충직한

□ be deep in thought
　깊은 생각에 잠기다
□ be called out 큰 소리로 불리다
□ recite 암송하다, 읊다
□ be brought back to reality
　현실로 되돌아오다
□ freeze 얼어붙다 (freeze-froze-frozen)
□ turn 차례, 순서

I tried to recite the participles, but I couldn't.
I stood there, nervously holding on to my desk.
My heart was beating very fast, and I couldn't
look at Mr. Hamel.

"I won't scold you, little Franz," he said. "I'm sure
you feel bad enough. See, everyone! Every day we
say to ourselves, 'I've plenty of time. I'll learn it
tomorrow.' And now tomorrow has come and we
are still struggling to learn. Before we know it, there
is no more time. Time eventually runs out and that
is the problem with this town. Everyone puts off
things they should do today until tomorrow and
then nothing gets done. Now the enemy will say,
'You say you are French, but you cannot speak or
write your own language. How is that possible?'"

□ hold on to …을 꽉 붙잡다
□ beat (심장이) 뛰다
□ scold 혼내다, 꾸중하다
□ struggle to + 동사원형 …하려고 애쓰다
   [고군분투하다]
□ run out 다하다, 바닥나다
□ put off 미루다, 연기하다
□ get done 끝나다, 완성되다
□ blame for …을 탓하다

□ lack 부족, 결핍
□ urgency 긴급(성)
□ sigh 한숨을 쉬다
□ push + 목적어(A) + to + 동사원형(B)
   A가 B하도록 독려하다
□ mill 방앗간
□ earn extra money 가욋돈을 벌다
□ instead of … 대신에
□ unfortunate 불행한, 유감스러운

Then Mr. Hamel looked at me and said, "Please don't feel bad, little Franz. We are all guilty of it. [1] We all should blame for our lack of urgency."

He sighed deeply and looked at his audience.

"Your parents did not push you to learn. Sometimes they needed you to work on the farm or at the mills to earn extra money."

He sighed again.

"But I am to blame also," he said. "Sometimes I sent you children to take care of my garden instead of letting you study your lessons. And when I wanted to go fishing, I gave you a holiday. So we are all to blame for this unfortunate situation." [2]

 하멜 선생님의 말씀과 맞지 않은 것은?
a. Time is limited.
b. Franz should feel bad.
c. Sometimes your parents made you earn extra money.

 정답 b

---

[1] **be guilty of** …에 책임이 있다
We are all guilty of it.
우리 모두가 그것에 책임이 있단다.

[2] **be to blame for** …에 대하여 책임이 있다
So we are all to blame for this unfortunate situation.
그래서 우리 모두가 이 불행한 상황에 대하여 책임이 있단다.

Check-up Time!

● WORDS

퍼즐의 빈칸에 들어갈 알맞은 철자를 써서 단어를 완성하세요.

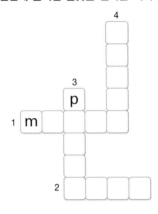

Across

1. …에 올라가다
2. 부족, 결핍

Down

3. 학생
4. 징병

● STRUCTURE

빈칸에 알맞은 단어를 골라 문장을 완성하세요.

1 Your parents did not push you to _____.
  a. learned   b. learning   c. learn

2 I wasted too much time _____ with my friends.
  a. play   b. playing   c. played

3 I ran by as _____ as I could go.
  a. fast   b. faster   c. fastest

ANSWERS

Structure | 1. c 2. b 3. a
Words | 1. mount 2. lack 3. pupil 4. draft

다음 질문에 알맞은 답을 고르세요.

1 Why did the village people sit at the back of the classroom?

    a. They wanted to show their respect to Mr. Hamel.

    b. They wanted to learn participles.

2 When did Mr. Hamel usually wear his best clothes?

    a. When he took care of his garden

    b. When he attended in the prize giving ceremonies

● SUMMARY

빈칸에 맞는 말을 골라 이야기를 완성하세요.

One day, Franz was very late for school. He was worried that his teacher, Mr. Hamel would be angry with him. When he arrived at the school, he felt something (   ) and unusual was about to happen. Franz was expecting a (   ) scolding from his teacher, but Mr. Hamel didn't scold him. Instead he started talking in a serious voice about the (   ) from Berlin and the new teacher's arrival. He also told them that today would be their last (   ) with him.

a. severe   b. strange   c. order   d. lesson

The Sad French Lesson

슬픈 프랑스어 수업

Mr. Hamel stood quietly and watched his students for a moment.

Then he continued, "The French language is the most elegant and clearest language in the world. We must protect it and never forget it. While we are under foreign rule, we must keep our language alive. Only then can we believe that one day we will be free again."

He opened a grammar book and read us our lesson.
I listened more closely than ever before. I was
amazed to see how well I understood it. Everything
seemed so easy and interesting.

"Why didn't French seem so easy and interesting
before?" I asked myself.

But I knew the answer. It was my last French lesson,
and I regretted wasting my time. I continued to [1]
listen very carefully to that lesson.

☐ elegant 우아한, 기품 있는
☐ protect 보호하다, 지키다
☐ be under foreign rule
   다른 나라의 지배를 받다
☐ keep ... alive …을 지키다

☐ be free 해방되다
☐ be amazed to + 동사원형
   …하고 놀라다
☐ continue to + 동사원형
   계속 …하다

---

1 **regret ...ing** …한 것을 후회하다
It was my last French lesson, and I regretted wasting my time.
그것은 나의 마지막 프랑스어 수업이었고, 나는 시간을 낭비한 것을 후회했다.

Mini-Less☀n

도치: Only + 부사(구) + 조동사/do동사 + 주어 + 동사원형

「Only + 부사(구)」를 강조하기 위해 문두에 둘 때에는 그 뒤 어순이 도치되어
「조동사/do동사 + 주어 + 동사원형」이 된답니다.

• Only then can we believe that one day we will be free again.
  그렇게 할 때만이 우리가 언젠가 다시 자유를 찾을 수 있을 것이라고 믿는다.

• Only in the morning does he read the newspaper. 아침에만 그는 신문을 읽는다.

☐ **with patience and passion**
　인내심과 열정을 가지고
☐ **copy** (동일한 책 등의) 한 부
☐ **written in a round hand**
　필기체로 쓰여진
☐ **scratching** (펜으로 종이에 써서)
　사각거리는 소리

☐ **beetle** 딱정벌레
☐ **fly into** …안으로 날아들다
☐ **notice** 눈치채다, 신경쓰다
☐ **pigeon** 비둘기
☐ **coo** (비둘기가) 구구 울다
☐ **faithfully** 열심히, 성실하게

Mr. Hamel had never explained everything with so much patience and passion. It seemed almost as if the poor man wanted to give us all he knew before going away.

After the grammar lesson, we had a lesson in writing. Mr. Hamel gave us beautiful, new copies, written in a beautiful round hand: France, Alsace, France, Alsace.

Everyone had their head down and started writing. [1] It was very quiet and the only sound was the scratching of our pens as we wrote.

Some beetles flew into the classroom, but nobody noticed them. I heard pigeons cooing on the roof.

"I wonder if the Germans will make the pigeons coo in German? That would be a terrible thing," I thought.

I looked around the classroom and everyone was faithfully working at his or her desk.

---

1 **have one's head down** ···의 머리를 숙이다
Everyone had their head down and started writing.
모두가 자신들의 머리를 숙이고 쓰기 시작했다.

When I looked at
Mr. Hamel, he was
sitting motionless in
his chair. The only
things he moved were
his eyes. He was gazing
at one thing for a
while, then another.

I was sure he was trying to
picture everything in his mind.

Outside the window was the garden he had loved
and tended for forty years. He had spent many
hours tending the trees and flowers. He must have
been heartbroken to leave it all.

Mini-Lesson

See p. 114

must have + p.p.: 분명(틀림없이) ···였을 것이다
'분명(틀림없이) ···였을 것이다, ···했던 것이 틀림없다'처럼 과거의 일에 대한
강한 추측을 나타낼 때는 「must have + p.p.」를 쓰면 된답니다.
• He must have been heartbroken to leave it all.
  그는 모든 것을 두고 가서 분명 마음이 아프셨을 것이다.
• He must have been very cold. 그는 무척 추웠던 것이 틀림없다.

It was like his home, and now it was being taken [1] away from him. I suddenly realized how painful this day must be for him. He had devoted his life to the school.

□ **motionless** 가만히 있는, 움직이지 않는
□ **for a while** 잠시 동안
□ **picture ... in one's mind**
　…을 마음 속에 그리다
□ **tend** 가꾸다, 보살피다
□ **be heartbroken to** + 동사원형
　…해서 마음이 아프다

□ **how** + 형용사 + 주어(A) + be동사(B)
　얼마나 A가 B할까
□ **painful** 힘든, 괴로운
□ **devote A's life to B**
　A의 인생을 B에 바치다

1　**A be taken away from B** B는 A를 빼앗기다
It was like his home, and now it was being taken away from him.
정원은 그의 집과 같았는데, 이제 그는 그것을 빼앗기고 있었다.

After the writing lesson, we started our history lesson. Together, the class read the lesson and the village people in the back of the classroom chanted along. I turned to look at them, and I could see that some of them were crying. Their voices were trembling as they were chanting with the students.

Suddenly the church clock struck twelve. At the same time, we heard the trumpets of the Prussian soldiers. They had returned from their drills. They were now outside the school windows.

Mr. Hamel stood up. He looked pale and sick.

"Villagers and children," he said. "I ... I ..."

□ chant along 따라 읽다
□ strike (시계가 시간을) 치다
　(strike-struck-struck)
□ at the same time 동시에
□ pale 창백한

□ sentence 문장
□ blackboard 칠판
□ chalk 분필
□ wave to …에게 (손을) 흔들다
□ be dismissed 해산되다

But he could not finish his sentence. He turned to the blackboard, and with a piece of chalk, he wrote as large as he could, "Vive La France!*" 　'프랑스 만세!'라는 뜻이랍니다.

Then Mr. Hamel stopped, closed his eyes and leaned his head against the wall. He waved to us [1] with his hand.

"School is dismissed. You may go."

1 **lean A against B** A를 B에 기대다
Then Mr. Hamel stopped, closed his eyes and leaned his head against the wall.
그리고 나서 하멜 선생님은 멈춰서 눈을 감고 머리를 벽에 기댔다.

Check-up Time!

● WORDS

단어와 단어의 뜻을 서로 연결하세요.

1 tend •   • a. to become aware of something

2 elegant •   • b. to keep something in a good condition

3 painful •   • c. pleasing and graceful in appearance or style

4 notice •   • d. difficult and unpleasant to deal with

● STRUCTURE

빈칸에 알맞은 단어를 골라 문장을 완성하세요.

under	against	along	down

1 Everyone had their head _____ and started writing.

2 Mr. Hamel closed his eyes and leaned his head _____ the wall.

3 The village people in the back of the school chanted _____.

4 While we are _____ foreign rule, we must keep our language alive.

ANSWERS

Structure | 1. down   2. against   3. along   4. under
Words | 1. b   2. c   3. d   4. a

본문의 내용과 일치하면 T에, 일치하지 않으면 F에 표시하세요.

		T	F
1	The village people returned from their drills.	☐	☐
2	Mr. Hamel had tended the garden for forty years.	☐	☐
3	Franz believed French was the most elegant language.	☐	☐
4	Mr. Hamel explained everything with passion and patience.	☐	☐

● SUMMARY

빈칸에 맞는 말을 골라 이야기를 완성하세요.

In class, Mr. Hamel opened the grammar book and read the lesson to the students. Franz and the other students paid close (   ) to what he said. Franz was amazed that the grammar lesson was so easy and interesting. After the grammar lesson, Mr. Hamel gave each student a beautiful new (   ). All the students faithfully (   ) on the work on their desks. At twelve o'clock, Mr. Hamel finished the class and said school was (   ).

a. copy   b. focused

c. dismissed   d. attention

ANSWERS

a Beautiful Invitation
– YBM Reading Library

Mr. Seguin's Goat

Alphonse Daudet

Mr. Seguin's Goat

스갱 씨의 염소

Mr. Seguin lost all his goats, one after another in the same way. They broke free from their ropes and [1] escaped to the mountain looking for greener pastures.

But the hungry wolf ate them all. They were not loyal to their master, and had no fear of the wolf. Nothing could hold them back. The goats wanted their freedom even if it cost them their lives.

Mr. Seguin was very upset. He couldn't understand why his goats wanted to leave him.

"I am done," he said sadly. "The goats are bored at my house. I won't keep another one."

However, after losing six goats, he thought he would try just once more. This time he bought a very young goat. Because she was young, he hoped she would know nothing about the outside world, and be content to stay and graze in his meadow.

□ one after another 하나씩 차례로
□ in the same way 같은 방법으로
□ pasture 초원, 목초지
□ be loyal to …에게 순종하다
□ have no fear of …을 겁내지 않다
□ hold ... back …을 저지하다[만류하다]
□ freedom 자유
□ even if 심지어 …하더라도

□ cost A A's life A의 목숨을 빼앗다
□ be bored at …을 지루해하다
□ keep 키우다
□ be content to + 동사원형
  …하는 것에 만족하다
□ graze (가축이) 풀을 뜯다
□ meadow 목초지

1 **break free from** …에서 자유롭게 풀려나다

They broke free from their ropes and escaped to the mountain looking for greener pastures.
그들은 목줄에서 자유롭게 풀려나 더 푸른 목초지를 찾아 산으로 도망쳤다.

The little goat was very pretty. She had soft brown eyes, shiny black hooves, striped horns, and long white fur. She was affectionate and docile, and just as lovely. This little goat didn't move when she was milked, and she never put her foot in the bowl. She was a truly lovely goat.

□ shiny 빛나는
□ hoof 발굽 (복수형은 hooves)
□ striped 줄무늬가 있는
□ horn (양이나 염소 등의) 뿔
□ fur (동물의) 털
□ affectionate 다정한
□ docile 유순한, 고분고분한
□ milk (소나 염소 등의) 젖(우유)을 짜다
□ bowl (우묵한) 통, 그릇

□ enclosed by …로 둘러싸인
□ hawthorn hedge 산사나무 울타리
□ tether A to B A를 B에 묶다
□ stake 말뚝
□ make sure that절 …을 확실히 하다
□ be settled 정착하다, 안정되다
□ appear to + 동사원형 …하는 것처럼 보이다

Behind Mr. Seguin's house was a large meadow
enclosed by a hawthorn hedge.* It was just right
for his new goat. He tethered her to a stake in
the best part of the meadow, and made sure that
she had plenty of rope.

서양에서는
산사나무를
밭의 울타리로 많이
심는다고 해요.

From time to time, he went out to see if she was
settled. The goat always seemed to be happily grazing
on the grass. Mr. Seguin was delighted.

"At last!" he thought. "This goat doesn't appear to
be bored living with me. I'll call her Blanquette." [1]

But Mr. Seguin was wrong. His goat was bored.

---

[1] **be bored (with) ...ing** …하는 데 싫증나다, 지루해 하다
This goat doesn't appear to be bored living with me.
이 염소는 나랑 같이 사는 데 싫증난 것처럼 보이지 않는군.

One day, she looked longingly at the mountain, and thought, "It must be wonderful up there in the fresh air. How lovely it would be to run through the heather without this rope around my neck! Goats like me, should be free to wander wherever we want to go."

From that day on, she wouldn't eat the grass in her meadow.

"It's tasteless," she thought. "I'm sure the mountain grass is much sweeter and tastier."

Very soon she lost weight and her milk almost dried up. It was sad to see her looking at the mountain and trying to break her rope. And she could often be heard bleating miserably. Mr. Seguin soon realized that something was wrong with his little goat. But he didn't know what it was.

One morning, as Mr. Seguin tried to milk her, she turned to him and said, "Mr. Seguin, I am longing to go to the mountain."

"Oh my God. This one, too!" cried Mr. Seguin.

He was shocked and dropped his bowl. Then he sat on the grass beside her.

"So Blanquette, you want to leave me, too?" he said.

"Yes, Mr. Seguin," she replied.

"Are you short of grass here?" he asked. "Or is your rope too short? Do you want me to lengthen it?"

□ longingly 간절하게, 애처롭게
□ run through …을 달리다
□ wander 거닐다, 헤매다
□ wherever …하는 곳은 어디든지
□ tasteless 맛이 없는
□ very soon 곧, 금세
□ dry up 말라버리다
□ miserably 처절하게
□ long to + 동사원형 …을 간절히 원하다
□ be shocked 충격을 받다, 놀라다
□ be short of …이 부족하다(모자라다)
□ lengthen …의 길이를 늘이다

"Oh, no, Mr. Seguin. It's not too short," said the goat.

"Well, what do you need or want?" asked Mr. Seguin.

"I really want to go up the mountain," said the goat.

"But dear Blanquette, there is a large wolf living on the mountain. What will you do if he finds you?" he asked.

"I will butt him with my horns, Mr. Seguin!" replied the goat.

"The wolf won't be worried about your horns," said Mr. Seguin. "He has eaten many goats with bigger horns than yours. Let me tell you about poor old Renaude who was here last year. She was very strong and fought with the wolf all night. But in the morning the wolf ate her."

☐ butt A with B B로 A를 받다 (밀다)
☐ fight with …와 싸우다
  (fight-fought-fought)
☐ all night 밤새도록
☐ not make any difference to
  …에게 어떠한 영향도 끼치지 못하다
☐ allow 허락하다, 용납하다
☐ save A from B
  A를 B로부터 구하다
☐ cowshed 외양간, 우리
☐ bolt …의 빗장을 지르다
☐ shut 닫다, 잠그다 (shut-shut-shut)
☐ head for …로 향하다

1 **whether ... or not** …하든 말든
  Whether you like it or not, I will save you from such a terrible death.
  네가 그것을 좋아하든 말든, 나는 네가 그렇게 끔찍하게 죽도록 놔두지는 않을 거야.

"Poor Renaude!" said Blanquette. "But that doesn't make any difference to me. I won't change my mind, Mr. Seguin. Please let me go to the mountain!"

"Goodness me!" said Mr. Seguin. "What am I to do with my goats? Another one wants to be the wolf's next meal. No, I won't allow it. Whether you like it [1] or not, I will save you from such a terrible death. I'll lock you in the cowshed so you can't escape." [2]

And that is exactly what Mr. Seguin did. He led his little goat into the dark cowshed and locked and bolted the door as he left. But he forgot to shut the window. So, as soon as he left, Blanquette climbed out of the window and headed for the mountain.

---

2 **lock A in B** A를 B에 가두다
I'll lock you in the cowshed so you can't escape.
나는 네가 빠져나가지 못하도록 너를 외양간에 가둘 거야.

Mini-Lesson

be동사 + to + 동사원형: ···해야 하다
be동사 뒤에 「to + 동사원형」이 오면 '···해야 하다' 라는 의무의 뜻이 만들어진답니다.
• What am I to do with my goats? 내 염소들을 어떻게 해야 할까?
• He is to keep his promise with his friend. 그는 친구와의 약속을 지켜야 한다.

Everyone was delighted when the little goat arrived
on the mountain. The old fir trees had never seen
anything as lovely. The chestnut trees bent over and
stroked her with their leaves. The bushes of golden [1]
broom opened a path for the little goat and brushed
against her as she passed by. She was treated like a
queen.

- □ fir tree 전나무
- □ chestnut tree 밤나무
- □ bend over 구부리다, 숙이다
- □ bush 관목 숲; 덤불
- □ (golden) broom 금작화
- □ open a path for …에게 길을 열어주다
- □ brush against …을 쓰다듬다
- □ wild flower 야생화 (= wild bloom)
- □ be scattered 흩어지다

- □ bluebell (청색의 종 모양 꽃이 피는)
  블루벨
- □ burst with …로 터질 듯하다
- □ nectar (꽃의) 꿀, 과일즙
- □ roll around (부드럽게) 굴러다니다
- □ boldly 과감하게, 용감하게
- □ set off 출발하다
- □ clump 수풀, 숲
- □ boxwood 회양목

Blanquette was free to do as she wanted, and eat whatever she liked. All around her were hundreds of wild flowers scattered among the delicious sweet grass. There were huge bluebells and a whole forest of wild blooms bursting with sweet nectar. The little goat rolled around under the chestnut trees with her legs in the air.

Suddenly she jumped to her feet. And she boldly [2] set off through the clumps of boxwood and broom. Up and down the mountain she went, exploring everywhere.

---

1 **stroke A with B** A를 B로 쓰다듬다 (어루만지다)
The chestnut trees bent over and stroked her with their leaves.
밤나무들은 몸을 구부려 잎사귀로 염소를 쓰다듬었다.

2 **jump to one's feet** 펄쩍 뛰어 오르다
Suddenly she jumped to her feet. 갑자기 염소는 펄쩍 뛰어 올랐다.

Blanquette was scared of nothing. She leapt over wide
streams and soaked herself in their mist. Then she
stretched out on a flat rock to dry in the warm sun.

Later that first day, she peered over a steep cliff at
Mr. Seguin's house.

"That enclosure is too small," she said to herself.
"How did I manage to live there? I'm so happy and
as free as a bird."

Then she laughed and laughed until her tears
rolled down her face. The little goat felt like she
was on top of the world.

So far, it had been a great day for Blanquette.
About midday, she met with a herd of deer as they
were enjoying their lunch of wild vines. The deer
were fascinated by the little goat, and allowed her
to have the best of the leaves.

Blanquette made friends with one of the young
deer. They spent hours happily wandering through
the forest and climbing up and down the rocks.

□ be scared of ⋯을 두려워하다
□ leap over ⋯을 건너 뛰다
　(leap-leapt-leapt)
□ soak oneself in ⋯에 흠뻑 젖다
□ stretch out on ⋯위에 몸을 뻗고 눕다
□ flat 평평한
□ peer over A at B A 위에서 B를
　응시하다
□ enclosure 울타리(담)로 막은 땅

□ manage to + 동사원형 용케 ⋯하다
□ on top of the world 온 세상이
　자기 발아래 있는 듯한
□ about midday 정오 무렵에
□ a herd of 한 무리(떼)의
□ deer 사슴 (복수형도 동일)
□ be fascinated by
　⋯에 매혹되다(반하다)
□ make friends with ⋯와 친구가 되다

Mini-Lesson

spend + 시간 + ...ing: ⋯하면서 시간을 보내다(쓰다)

• They spent hours happily wandering through the forest and climbing
　up and down the rocks. 그들은 숲을 거닐고 바위를 오르락내리락하면서 행복한 시간을 보냈다.
• She spent two days finishing her drawing. 그녀는 그림을 완성하는 데 이틀을 보냈다.

Suddenly, the wind freshened, and the mountain turned violet as evening fell.

"Surely, it can't be night time yet," said the little goat. "I'm having too much fun."

Down in the foggy valley, she could see Mr. Seguin's house's roof and the smoke from the chimney. Blanquette began to feel sad when she heard the bells of a flock of sheep returning home.

Without warning, a falcon flew over her head.
She ducked down, but he almost caught her with
his wings.

Suddenly, a long and frightening howl echoed
around the mountain. Then she heard Mr. Seguin's
horn sound from the valley below.

"Come home! Come home!" cried the horn.

Then the wolf howled again. Blanquette thought
about going home, but then she remembered the
rope, and the hedged enclosure.

"I don't think I could put up with all that again," [1]
she thought.

? Who tried to attack Blanquette?
L a. falcon   b. Mr. Seguin   c. wolf

☐ **freshen** (바람이) 강하게 불기 시작하다
☐ **surely** (부정어와 함께) 설마
☐ **have fun** 즐거운 시간을 보내다
☐ **foggy** 안개가 낀
☐ **chimney** 굴뚝
☐ **warning** 예고, 경고
☐ **falcon** 매

☐ **duck down** (고개를 숙여) 피하다
☐ **frightening** 무서운
☐ **howl** (개나 늑대 등의) 긴 울음소리;
   길게 울다
☐ **echo around** …에 울려 퍼지다
☐ **hedged** 울타리가 쳐진

---

1 **put up with** …을 참다(견디다)
I don't think I could put up with all that again.
내가 다시 그 모든 것을 참을 수 있을 것 같지 않아.

After calling her several times, the horn fell silent.
All of a sudden, Blanquette heard a noise in the bushes behind her. She slowly turned around, and what she saw startled her.

In the shade of a large chestnut tree, was a huge gray wolf. He sat as still as a statue and watched her with his two large shining eyes.

Blanquette started to walk away, but the wolf snarled, "Ha! Ha! I know who you are! You are Mr. Seguin's little goat."

- □ fall silent 조용〔잠잠〕해지다
- □ startle 깜짝 놀라게 하다
- □ in the shade of …의 그림자 속에
- □ as still as a statue 동상처럼 가만히 〔움직이지 않고〕
- □ walk away 걸어서 도망치다
- □ snarl (이빨을 드러내고) 으르렁거리다
- □ face …와 대면하다, 맞서다
- □ be expected to + 동사원형 …할 것으로 기대〔생각〕되다

---

1 **lick A's lips with B** B로 A의 입술을 핥다〔입맛을 다시다〕
Then he licked his lips with his long and red tongue.
그리고 나서 늑대는 길고 붉은 혀로 자신의 입술을 핥았다.

Mini-Less:on

See p. 115

if: …인지 (아닌지)

if가 see, know, ask, find out, wonder 등의 동사 뒤에서 목적절을 이끌 경우 whether와 같은 '…인지 (아닌지)' 라는 뜻의 접속사로 쓰인답니다.

- I'll see if I can last as long as Renaude. 나는 내가 르노드만큼 오래 버틸 수 있는지 볼 거야.
- Do you know if she will go to the party tonight? 그녀가 오늘 밤에 파티에 가는지 알고 있니?

Then he licked his lips with his long and red tongue. [1]
Blanquette felt very frightened and alone. She
remembered the story of old Renaude, who was eaten
by the wolf after bravely fighting all night.

But she said to herself, "I am not going to let him
have me for his next meal!"

So Blanquette faced the wolf, with her head down,
and her horns ready to fight him.

"I know goats are not expected to kill wolves," she
thought. "I'll see if I can last as long as Renaude." ☀

As the wolf moved closer, Blanquette charged at him with her horns.

Oh, what a brave little goat she was! She fought that wolf with all her heart. At least a dozen times, she forced the wolf to back off and catch his breath. While he rested, she ate some of the sweet grass to give her energy. The battle continued all night. From time to time, Blanquette looked up at the twinkling stars in the clear sky.

"Oh dear, I hope I am strong enough to last until morning," she thought.

One by one the stars faded away, and daylight began to appear over the horizon.

Blanquette charged again and again. The wolf tore at her with his sharp teeth. From a farm down in the valley, came the sound of a rooster crowing.

"At last!" said the little goat. "Morning has come, now I can die bravely."

She lay down on the ground, her beautiful white fur stained with blood. The wolf pounced on the little goat and greedily devoured her.

- □ charge at A with B B로 A를 공격하다
- □ with all one's heart …의 최선을 다해서, 진심으로
- □ force A to B A에게 B하도록 하다
- □ back off 물러서다
- □ catch one's breath …의 숨을 가다듬다
- □ tear at A with B B로 A를 쥐어뜯다 (상하게 하다) (tear-tore-torn)
- □ sharp 날카로운
- □ rooster 수탉
- □ crow (수탉이) 울다
- □ lie down on …위에 눕다 (lie-lay-lain)
- □ stained with …로 물든(얼룩진)
- □ pounce on …에 갑자기 달려들다
- □ greedily 게걸스럽게, 탐욕스럽게
- □ devour 먹어 치우다

Check-up Time!

● **WORDS**

퍼즐의 빈칸에 들어갈 알맞은 철자를 써서 단어를 완성하세요.

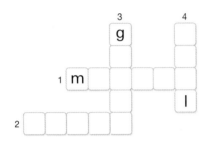

Across

1. 목초지
2. 말뚝

Down

3. 풀을 뜯다
4. 길게 울다

● **STRUCTURE**

빈칸에 알맞은 전치사를 보기에서 골라 써 넣으세요.

from	for	with	of

1 They had no fear _____ the wolf.

2 I don't think I could put up _____ all that again.

3 She headed _____ the mountain.

4 I will save you _____ such a terrible death.

ANSWERS

Words | 1. meadow 2. stake 3. graze 4. howl
Structure | 1. of 2. with 3. for 4. from

다음은 누가 한 말일까요? 기호를 써넣으세요.

a.

Blanquette

b.

Mr. Seguin

1 "Surely, it can't be night time yet." _____

2 "Do you want me to lengthen it?" _____

3 "How did I manage to live there?" _____

● SUMMARY

빈칸에 맞는 말을 골라 이야기를 완성하세요.

Mr. Seguin lost six goats. He had decided not to (　) another one, but he would try once more. So, he bought a beautiful, young goat. Her name was Blanquette and she was a (　) goat. At first Blanquette was content with her life in the Seguin's (　), but she became (　) and wanted to leave. At last she escaped to the mountain and enjoyed the free life. But a huge wolf appeared and took Blanquette's life.

a. bored　　b. lovely　　c. keep　　d. meadow

ANSWERS

Comprehension | 1. a　2. b　3. a
Summary | c, b, d, a

a Beautiful Invitation
– YBM Reading Library

Salvette and Bernadou

Alphonse Daudet

Salvette and Bernadou

살베뜨와 베르나도

It was Christmas Eve in the year eighteen hundred and seventy. In a large Bavarian* village, everyone was preparing for Christmas Day.

Bavaria(바이에른)는 독일 남부에 위치한 주로, 독일에서 가장 큰 주랍니다.

Many people walked happily along the snow-covered streets. They entered cook shops, wine booths, and busy stores. The street stalls were covered in flowers, ribbons and branches of green holly.

As the day faded and the fog came down, carriages full of tired shoppers drove by ringing their bells.

Far away, the last red rays of the sun slowly sank below the horizon. Lights began to shine in the windows of houses. For some, the holy day was only an excuse to drink more to celebrate the triumph of the Bavarian troops.

- [ ] Bavarian 바이에른의
- [ ] prepare for …을 준비하다
- [ ] snow-covered 눈 덮인
- [ ] cook shop 요리 기구 상점
- [ ] wine booth 와인 상점
- [ ] street stall (길거리의) 노점
- [ ] green holly (크리스마스 장식용)
      호랑가시나무

- [ ] carriage 마차
- [ ] far away 저 멀리
- [ ] sink below …아래로 사라지다
- [ ] holy day (종교적) 축제일
- [ ] excuse 핑계, 변명
- [ ] celebrate 축하하다, 기념하다
- [ ] triumph 승리
- [ ] troops 군대

Even the Jews of the old town joined in the celebrations. Old Augustus Cahn's eyes had never shined as much as they did that night.☀

Over his shoulder he carried a little basket covered with a napkin. From under the napkin, the neck of a wine bottle and a twig of holly could be seen.

What on earth did the old miser want with all this? Was it possible that he intended to celebrate Christmas? Did he intend to have a family reunion and drink to the German fatherland? Impossible! Everybody knew that old Cahn had no country.

"He has no love for anyone or anything except the money in his strongbox," people said.

"And he has no family or friends, only debtors!"

Most of Cahn's friends, and his sons, had gone with the army a long time ago. They followed the

□ Jew 유대인
□ twig (나무의) 잔가지
□ on earth (의문사를 강조하여) 도대체
□ miser 구두쇠, 수전노
□ intend to + 동사원형 …하려고 생각하다
□ family reunion 가족 모임
□ fatherland 조국
□ except …을 제외하고
□ strongbox 금고
□ army 군대
□ steal A from B B에게서 A를 훔치다 (steal - stole - stolen)
□ valuables 귀중품
□ have no regrets 후회가 없다
□ prisoner of war 전쟁 포로
□ barrack 병영
□ money order 우편환
□ approach …에 접근하다, 다가가다
□ wounded 부상을 당한, 다친

troops, and sold them bottles of alcohol or bought their watches. And when they found the bodies of dead soldiers, they stole the valuables from their pockets.

Cahn was too old to follow his sons, so he remained in Bavaria. But he had no regrets. He had made huge [1] profits from the French prisoners of war in the town. He was often seen walking softly through the hospitals and barracks, buying watches, money orders, and medals. He approached the beds of the wounded soldiers, and asked in a low voice, "Do you have anything to sell?"

? Augustus Cahn을 표현한 단어로 알맞은 것은?
└ a. prisoner of war   b. soldier   c. miser

정답 c

---

1 **make huge profits from** …에서 엄청난(막대한) 수익을 올리다
He had made huge profits from the French prisoners of war in the town. 그는 마을에 있는 프랑스인 전쟁 포로들로부터 엄청난 수익을 올렸다.

Mini-Less :☀: n

앞에 나온 동사를 대신하는 대동사

영어는 단어가 반복되는 것을 피하려는 경향이 있어요. Old Augustus Cahn's eyes had never shined as much as they did that night.에서 did는 앞에 나온 동사 shined의 반복을 피하기 위해 쓰인 대동사예요. 대동사는 인칭과 시제에 맞게 써야 한다는 점도 잊지 마세요.

• He makes a lot of money as I do(=make). 내가 그러는 것처럼 그는 많은 돈을 번다.

Cahn walked quickly toward the military hospital that Christmas Eve. He wanted to arrive before it closed at five o'clock. Two Frenchmen were waiting for him behind the windows on the top floor of that tall black building.

The two Frenchmen were named Salvette and Bernadou. They were infantrymen from the same village in Provence.* They had enlisted in the same battalion and had been wounded by the same shell. Salvette was the stronger man and he was already recovering. He was even able to take a few steps from his bed to the window.

★ 프랑스 동남부 지역을 가리키며 관광지로 유명하답니다.

But Bernadou would never be cured. His body got thinner and paler each day. He knew he would never return home, and smiled sadly whenever he spoke of Provence.

☐ military hospital 군 병원
☐ infantryman 보병
☐ enlist in …에 입대하다
☐ battalion (군대의) 대대
☐ shell 포탄
☐ recover 회복되다
☐ take steps from A to B
　　A에서 B로 몇 걸음 옮기다

☐ be cured 치료되다
☐ get + 형용사 비교급 더 …해지다
☐ whenever …할 때마다
☐ midwinter 한겨울
☐ joyful 즐거운, 기쁜
☐ Mass (천주교의) 미사
☐ brightly lit 밝게 불이 켜진

However, the thought of Christmas had made him a little more cheerful. In Provence, the midwinter celebration of this holy day was a joyful time. After the Mass at midnight in the brightly lit church, the villagers hurried home.

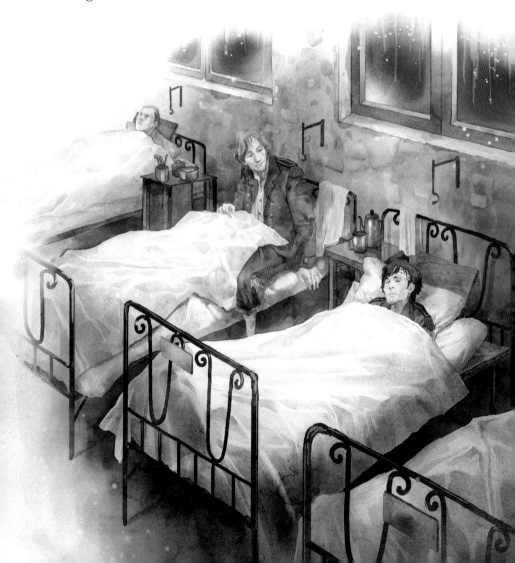

There they watched as the three traditional ceremonies of the flame were performed. First was the lighting of the Yule log. This was followed by the grand march around the house, with the youngest member of the family carrying the log.

Lastly, wine was sprinkled onto the log before it was placed in the hearth. Only then did the real Christmas celebrations begin.

The previous day, Bernadou had spoken to his friend about Christmas.

"Ah, Salvette," he said, "what a sad Christmas we are going to have this year! I wish we had money to buy some bread and wine. It would make me happy to celebrate Christmas with you once more before I die."

As he spoke of bread and wine, the eyes of the sick young man began to shine.

□ traditional 전통적인
□ ceremony 의식, 행사
□ be performed 진행되다
□ lighting 점화
□ Yule log 크리스마스에 때는 굵은 통나무
□ be followed by ···가 뒤따르다
□ lastly 마지막으로
□ sprinkle A onto B A를 B에 뿌리다
〔끼얹다〕
□ hearth 난로; 화로

But what could Salvette and Bernadou do? They had neither coins nor watches. [1] Salvette still had a money order for forty francs hidden in his cloak.
But he was saving it [2] for the day when they were free men, home again in France.
They had agreed that they would celebrate that day together in Paris.

□ hidden in …에 숨겨진
□ after all 결국에는, 어쨌든
□ take out 꺼내다

□ note 쪽지
□ rub one's hands 양손을 비비다
□ laugh to oneself 혼자 웃다

1 **neither A nor B** A도 B도 없는
They had neither coins nor watches.
그들은 동전도 시계도 없었다.

2 **save A for B** B를 위해 A를 아껴 두다
But he was saving it for the day when they were free men, home again in France.
하지만 그는 그들이 자유의 몸이 되어 프랑스 집으로 다시 돌아가는 날을 위해 그것을 아껴 두고 있었다.

"But poor Bernadou is very sick," thought Salvette. "Who knows whether he will ever be able to return home? This will probably be our last Christmas together. Would it not be better to use it, after all?"

While Bernadou was asleep, Salvette went to his cloak and took out the money order.

Next morning he gave it to Cahn and a note asking for bread and wine. Salvette was very excited about the surprise he had planned for his friend. He rubbed his hands, and laughed to himself when he looked at Bernadou.

As night fell, Salvette pressed his forehead against the windowpane, and watched for old Cahn. The hospital was dark, lit only by the lamps hanging from the ceiling. From time to time, he heard some of the prisoners murmur in [1] their sleep, or cry out in horror at their nightmares.

Finally Salvette saw old Cahn in the courtyard below, and rushed to the door to greet him. Old Cahn quietly handed the basket of Christmas cheer to Salvette, and [2] left the hospital.

- □ press A against B A를 B에 기대다
- □ forehead 이마
- □ windowpane (한 장의) 창유리; 창살
- □ watch for …가 나타나기를 기다리다
- □ hang from …에 매달리다
- □ cry out in horror 겁에 질려 소리를 지르다
- □ at one's nightmare 악몽을 꾸며
- □ courtyard (건물에 둘러싸인) 뜰, 마당
- □ rush to …로 서둘러 가다
- □ greet 맞이하다, 환영하다
- □ a basket of Christmas cheer 크리스마스 분위기가 나는 바구니
- □ loaf 한 덩어리의 빵
- □ dim 희미한, 침침한, 어둑한
- □ glow (가열된 물질이 내는) 빛
- □ feast 만찬, 진수성찬

---

1 **murmur in one's sleep** 잠결에 웅얼거리다
From time to time, he heard some of the prisoners murmur in their sleep.
때때로 그는 몇몇 전쟁 포로들이 잠결에 웅얼거리는 소리를 들었다.

"Are you asleep, Bernadou?" asked Salvette.

He placed a bottle of wine and a pretty Christmas
loaf on the table next to his friend's bed. Bernadou
opened his eyes. By the dim glow of the night
lamps, he thought the Christmas feast was just
a fantastic dream.

2 **hand A to B** A를 B에게 건네주다
Old Cahn quietly handed the basket of Christmas cheer to
Salvette, and left the hospital.
칸 영감은 조용히 크리스마스 분위기가 나는 바구니를 살베뜨에게 건네주고 병원을 떠났다.

"Come, wake up, my friend!" said Salvette. "Now, no one can say that two men from Provence let this midnight pass without sprinkling wine."

Salvette gently lifted his friend into a sitting [1] position. Then he filled their goblets with wine and [2] cut the bread. He gave Bernadou a goblet of wine and they talked of their lives in Provence.

Little by little, with the help of the wine and Salvette's stories, Bernadou became livelier.

With a childlike manner, he asked Salvette to sing a Provencal Christmas carol.

"Do you want to hear 'The Host,' or 'The Three Kings,' or perhaps 'St. Joseph Has Told Me'?" asked Salvette.

"I like 'The Shepherds' best," said Bernadou. "We always chant that at home."

"Then here's 'The Shepherds,'" said Salvette and in a low voice he began to sing.

? What did Bernadou ask Salvette to do?
a. To cut the bread
b. To talk about Provence
c. To sing a Provencal Christmas carol 정답 ㄷ

□ goblet (손잡이가 없고 받침과 굽이 있는)
　술잔
□ little by little 조금씩
□ lively 활기찬, 기운이 넘치는

□ with a childlike manner
　아이 같은 태도로
□ Provencal 프로방스의

---

1 **lift ... into a sitting position** ···을 앉은 자세로 일으키다
Salvette gently lifted his friend into a sitting position.
살베뜨는 부드럽게 친구를 앉은 자세로 일으켰다.

2 **fill A with B** B로 A를 채우다
Then he filled their goblets with wine and cut the bread.
그리고 나서 그는 와인으로 그들의 잔을 채우고 빵을 잘랐다.

He had just begun the last verse when the shepherds have placed their offerings of fresh eggs and cheese in the manger for the baby Jesus.

"Joseph says, 'Go, be very wise,
Return to your flocks,
Kind Shepherds,
Now take your leave!'"

Suddenly poor Bernadou slipped and fell back on his [1] pillow. Salvette thought his friend had fallen asleep, and shook him. But he couldn't wake poor Bernadou. The little twig of holly lay on the bed beside his friend's pale hand.

- □ verse (노래의) 절
- □ place one's offering 선물을 바치다
- □ manger 여물통, 구유
- □ take one's leave 떠나다
- □ slip 미끄러지다
- □ pillow 베개
- □ palm leaf 종려 잎
- □ the dead 죽은 사람들, 사자 (死者)
- □ in tears 눈물을 흘리며
- □ weakened by …로 약해진
- □ grief 슬픔
- □ ring (소리가) 울려 퍼지다

---

1 **fall back on** … 위로 쓰러지다
Suddenly poor Bernadou slipped and fell back on his pillow.
갑자기 불쌍한 베르나도는 미끄러져 베개 위로 쓰러졌다.

To Salvette, the holly reminded him of the green palm leaf placed on the pillows of the dead. It was then that he realized that his friend, Bernadou, had left him. Then in tears and weakened by his grief, Salvette raised his voice and began to sing again. Through the silence of the room rang that joyous song of Provence,

"Kind Shepherds,
Take your leave!"

# Check-up Time!

● **WORDS**

빈칸에 알맞은 단어를 고르세요.

1 Salvette rushed to the door to _____ him.
   a. hand   b. greet   c. sink

2 He heard some of the prisoners _____ in their sleep.
   a. press   b. fill   c. murmur

3 He had made huge _____ from the French prisoners
   of war.
   a. profits   b. feasts   c. steps

● **STRUCTURE**

괄호 안의 두 단어 중 어법상 알맞은 단어를 골라 문장을 완성하세요.

1 They had neither coins (nor / and) watches.

2 Salvette rubbed his hands, and laughed (in himself / to himself).

3 Was it possible that he intended (to celebrate / celebrating)
   Christmas?

4 (For / With) a childlike manner, he asked Salvette to sing
   a Provencal Christmas carol.

Words | 1. b   2. c   3. a
Structure | 1. nor   2. to himself   3. to celebrate   4. With

빈칸에 알맞은 내용을 보기에서 찾아 문장을 완성하세요.

1 Old Cahn has no love for anyone or anything except _____.

   a. the valuables from his pocket

   b. the money in his strongbox

2 Salvette gave Bernadou a goblet of wine and _____.

   a. talked of their lives in Provence

   b. rushed to the door to greet him

● SUMMARY

빈칸에 맞는 말을 골라 이야기를 완성하세요.

Salvette and Bernadou were French prisoners of war in a large Bavarian village. They had ( ) in the same battalion and were wounded. Salvette was already recovering, but Bernadou was getting weaker each day. On Christmas Eve, Salvette bought some ( ) from old Cahn. Then the two friends ( ) Christmas together and talked about their ( ). But while Salvette was singing a Christmas carol, his friend, Bernadou died.

---

a. celebrated   b. bread and wine

c. enlisted   d. hometown

ANSWERS

Summary | c, b, a, d
Comprehension | 1. b　2. a

After
the Story

Reading X-File 이야기가 있는 구문 독해
Listening X-File 공개 리스닝 비밀 파일
Story in Korean 우리 글로 다시 읽기

What a wonderful surprise it was to see her!

그녀를 보다니 정말 신나고도 놀라운 일이었다!

★ ★ ★

산 속에서 혼자 사는 목동은 주인집 딸 스테파네트 아가씨를 생각하며 외로움을 달랩니다. 폭풍이 몰아친 어느 일요일 오후, 노새에 식량을 싣고 오는 스테파네트 아가씨를 보고 목동은 위와 같이 생각하는데요, 위 문장에서 it은 to see her를 나타낸답니다. 진주어인 to see her가 길어서 가주어 it을 대신 쓴 것이죠. 그럼 스테파네트와 목동의 대화로 다시 한 번 살펴볼까요?

Stephanette

There are countless beautiful stars!
Do you know the names of the stars?

정말 아름다운 별들이 셀 수 없을 만큼 많이 있구나!
너는 저 별들의 이름을 알고 있니?

Shepherd

Of course, I do. It is my hobby to look at the night sky and remember their names.

물론 알고 있어요. 밤하늘을 보면서 별들의 이름을 기억하는 것이 저의 취미거든요.

With her head resting on her hands, she looked up at the sky again.

양손을 머리를 받친 채, 그녀는 다시 한번 하늘을 올려다 보았다.

★　★　★

아가씨를 지키려 문 밖에 있던 목동과 낯선 곳에서 잠이 오지 않아 밖으로 나와 목동의 옆에 앉은 스테파네트 아가씨. 아가씨는 머리를 양손으로 받친 채, 밤하늘을 올려다 보는데요, 이처럼 '…을[가] ~한 채[…하자]' 라고 어떤 동작이 다른 동작과 동시에 일어나는 상황을 설명하고 싶을 때는 with + 명사 + 분사형 동사를 써서 표현한답니다. 이 표현을 스테파네트와 노라다 아주머니의 대화로 다시 살펴봐요.

Stephanette

I can't find the shepherd near his cabin.
Do you know where he is?

통나무집 근처에서 목동을 찾을 수가 없어요.
그가 어디에 있는지 아세요?

Aunt Norada

With the heavy rain falling, he went to the plains to bring back the sheep.

비가 심하게 와서, 목동은 양들을 데리러 목초지로 갔답니다.

He must have been heartbroken to leave it all.

그는 모든 것을 두고 가서 분명 마음이 아프셨을 것이다.

★　★　★

학교에서 더 이상 프랑스어를 가르칠 수 없게 된 하멜 선생님은 학교를 떠나게 됩니다. 정든 학교와 학생들은 물론 40년 동안 정성 들여 가꿔왔던 화단도 두고 떠나게 되는데요, 깊은 상념에 잠긴 하멜 선생님을 보며 프란츠는 '분명(틀림없이) …였을 것이다, …했던 것이 틀림없다'는 뜻의 must have + p.p.를 써서 과거 사실에 대한 강한 추측을 나타내고 있어요. 프란츠와 하멜 선생님의 대화로 이 표현을 다시 살펴볼까요?

Franz

I can remember the participles now, Mr. Hamel.

하멜 선생님, 저는 이제 분사를 외울 수 있어요.

Mr. Hamel

I'm very happy to hear that, Franz.
I guess you must have studied very hard.

프란츠, 그 말을 듣게 되어 무척 기쁘구나.
너는 분명 무척 열심히 공부했겠구나.

I'll see if I can last as long as Renaude.

나는 내가 르노드만큼 오래 버틸 수 있는지 볼 거야.

★ ★ ★

스갱 씨 집에서 도망쳐 산에서 자유를 만끽하던 사랑스러운 염소 블랑케트는 크고 무시무시한 늑대를 만나게 됩니다. 스갱 씨가 들려준 용감한 염소 르노드 이야기를 생각하며 자신도 르노드만큼 늑대와 맞서 버틸 수 있는지 궁금해하는데요, if가 see, ask, know, find out, wonder 등과 같은 동사 뒤에서 목적절을 이끌 경우에는 '…인지〔을지〕(아닌지)' 라는 뜻을 지니게 된답니다. 그럼 이 표현을 블랑케트와 스갱 씨의 대화로 살펴 볼까요?

Blanquette

You have already lost six goats.
But why did you bring me here?

당신은 이미 여섯 마리의 염소를 잃었어요.
그런데 왜 저를 여기에 데려왔나요?

Mr. Seguin

Well, I wanted to see if I can find a goat
which is not bored living with me.

음, 나와 함께 사는 것을 지루해하지 않는 염소를 찾을 수 있을지 알고 싶었어.

01 wolf는 [우얼프]~

w 뒤에 모음이 나오면 w를 [우]로 발음해 주세요.

w 뒤에는 주로 모음이 이어 나오는데요, 이런 경우 w와 뒤에 나오는 모음은 어떻게 발음해야 할까요? w와 뒤의 모음 모두를 차례로 또렷하게 발음해 주면 된답니다. wo 는 [우어], wi는 [우이], we는 [우에]로 말이죠. 따라서 wolf는 [울프]가 아니라 [우얼프]로 발음하면 된답니다. 그럼 본문 20쪽에서 w와 그에 이어지는 모음의 발음을 살펴볼까요?

In the (　①　) I took my goats down to the plains. Sometimes her father (　②　) invite me to dinner at his farm.

① **winter** w와 i를 각각 발음해서 [우윈터]로 발음해 주세요.

② **would** [우드]라구요? 아니죠, [우어드]로 발음해 주세요.

02 중복되는 자음은 한 번만!

bus station은 뒤의 s만 발음해 주세요.

bus station처럼 s가 연이어 나오는 경우에는 어떻게 발음해야 할까요? 원어민들의 발음을 자세히 들어보면 [버ㅅ 스테이션]이라고 s를 두 번 발음하지 않고 [버ㅅ테이션]처럼 한 번만 발음한답니다. 이렇게 같은 자음이 중복되는 경우에는 주로 앞의 자음을 생략하고 뒤의 자음만 발음하는 경우가 많답니다. 그럼 본문 48쪽에서 이런 예를 살펴볼까요?

> Mr. Hamel was walking up (   ) carrying his iron ruler.

and down 이제 [앤ㄷ 다운]이라고 발음하지 않겠죠? d가 중복되므로 앞의 d를 생략하고 뒤의 d만 발음해 [앤다운]이라고 발음해 주세요.

03 l 앞에서 한없이 작아지는 t

l 앞에 오는 t는 뒤의 l 발음과 비슷해져요.

한 단어 안에서 l 앞에 t가 오면 t가 l의 소리를 따라가서 본래의 [t] 발음이 약해지는 경우가 있답니다. battle의 경우 발음기호대로 발음하면 [배틀]이 맞지만 [t] 발음이 약화되어 [배를]로 발음되는 것처럼 말이죠. 그럼 이렇게 t가 l을 만나 [ㄹ]로 동화되는 예를 본문 72쪽과 73쪽에서 살펴볼까요?

> This (①) goat didn't move when she was milked, and she never put her foot in the bowl.

① **little** [리틀]이라고 발음하지 않고 t를 뒤의 l과 연결시켜 부드럽게 [리를]로 발음해 주세요.

> From time to time, he went out to see if she was (②).

② **settled** [세틀ㄷ]가 아닌 [세를ㄷ]로 발음해 주세요. 훨씬 더 발음하기 쉽지 않나요?

살짝 숨찬 듯한 소리를 내주세요~

-ten, -ton, -tain으로 끝나는 단어는 t를 앞 음절에 붙여서 발음하세요.

written을 혹시 [리튼]으로 발음하시나요? 이때는 t를 앞 음절에 살짝 붙여 [맅은]으로 발음하면서 순간 숨이 멈추는 듯한 소리를 내야 한답니다. -ten, -ton, -tain 등으로 끝나는 단어에서 자주 일어나는 현상이죠. 따라서 frighten은 [프라이튼]이 아닌 [프라잍-은]에 가깝게, cotton은 [코튼] 보다는 [콭-은]에 가깝게 발음해야 한답니다. 본문 76쪽과 78쪽에서 이런 예들을 찾아볼까요?

He has (①) many goats with bigger horns than yours.

① **eaten** 위에서 살펴본 것처럼 [이튼]이 아닌 [잍-은]이라고 발음해 보세요.

Everyone was delighted when the little goat arrived on the (②).

② **mountain** [마운틴]이 아닌 [마운ㅌ-은]으로 발음되었어요.

1장 | 산 속의 외톨이

p.12~13 오래 전, 나는 프랑스 뤼브롱 지방의 목동이었다. 나는 그곳에서 혼자 지냈고, 동무라고는 오직 개와 염소와 양 떼들뿐이었다.

어떨 때는 몇 주일씩이나 사람이라곤 전혀 구경도 못했다. 이따금씩, 몽뒬루르의 수도자들이 지나가거나 피에몽의 광부들을 볼 때도 있었다. 하지만 모두 다 말이 별로 없고 홀로 지내는 시간이 대부분인 순박한 사람들이었고, 낯선 사람들에게 말을 하는 법도 거의 없었다. 그래서 그들은 바깥 세상에서 무슨 일이 벌어지는지 전혀 몰랐다.

이 주일마다, 농장 소년이나 노라다 아주머니가 식량들을 노새에 싣고 왔다. 나는 그들이 오면 언제나 들떴다. 그들은 아랫마을의 새로 아기가 태어난 소식이나 결혼 소식, 누군가 세상을 떠난 소식 등을 알려주었다.

p.14~15 나의 흥미를 가장 끌었던 소식은 주인집 딸에 관한 소식이었다. 그녀의 이름은 스테파네트였고, 그녀는 근방 지역에서 가장 아름다운 소녀였다.

지나치게 관심을 가지지 않는 척 하면서, 나는 스테파네트 아가씨가 무엇을 하고 지내며 그녀의 환심을 사려는 남자가 새로 나타났는지 등을 묻곤 했다. 만약 누군가가 나처럼 보잘것없는 목동이 왜 그런데 관심을 갖느냐고 묻는다면, "스테파네트 아가씨는 정말 아름다워요. 저는 그녀를 20년간 사모해 왔어요."라고 대답할 것이다.

어느 일요일, 늘 오던 때에 식량이 오지 않았다.

'날씨 때문이겠지.' 나는 구름이 하늘을 덮어가는 모습을 보며 생각했다. 나는 참을성 있게 기다렸지만, 아무도 오지 않았다.

정오 무렵이 되자, 심한 폭풍이 몰아쳤다. 장대비가 퍼붓고 하늘에는 번개가 번쩍이고 천둥이 우르릉거렸다. 노새가 진흙탕이 된 길을 오르기는 힘들 것이라고 생각했다.

p.16~17 세 시간 동안 폭풍이 몰아친 후, 하늘이 개었다. 태양이 언덕 위에 따뜻한 햇살을 드리웠다. 나뭇잎에서 떨어지는 물소리와 불어난 시냇물이 밭으로 넘쳐 흐르는 소리를 들을 수 있었다.

갑자기 부활절의 종소리처럼 경쾌하게 딸랑거리는 노새의 방울 소리가 들려왔다. 하지만 노새를 몰고 있는 사람은 농장 소년도 아니고 노라다 아주머니도 아니었다. 아마 누군지 짐작도 못할 것이다.

그것은 바로 아름다운 스테파네트 아가씨였다! 아, 그녀를 보게 되다니 정말 놀라운 일이었다! 그녀는 노새 등 위에, 양 옆에 바구니들을 싣고 앉아 있었다. 그녀는 산 공기 속에서 발갛게 상기되어 신선해 보였다.

p.18~19 "산으로 올라오다가 길을 잃었어." 스테파네트가 말했다.

"괜찮으세요, 아가씨?" 나는 물었다.

내가 노새에서 내리는 것을 돕자 그녀는 미소를 지으며 나에게 고개를 끄덕였다.

"그런데 왜 직접 식량을 가지고 오셨어요?" 나는 물었다.

"농장 소년은 아프고 노라다 아주머니는 아이들과 휴가를 가셨어."

나는 그녀에게서 눈을 뗄 수가 없었다. 머리에는 꽃무늬 리본을 하고, 레이스 치마는 햇빛 아래에서 아른아른 반짝였다. 그녀는 마치 춤을 추려고 무도회에 들렀다 오느라 늦은 것 같았다.

p.20~21 '아, 정말 아름다운 사람이구나!' 나는 아름다운 그녀를 바라보며 이렇게 생각했다.

사실 나는 그녀를 그렇게 가까이서 본 적이 없었다. 겨울에 나는 가끔씩 염소들을 산 아래로 몰고 갔다. 가끔씩 그녀의 아버지가 나를 농장의 저녁 식사에 초대했다. 스테파네트 아가씨는 방 안에서 조용히 걸으며 하인들에게 나직이 이야기를 건네곤 했다. 하지만 거의 말이 없는 경우가 대부분이었다.

그런데 지금 그 아가씨가 홀로 내 눈 앞에 있다니! 그러니 내가 어찌 넋을 놓지 않을 수 있겠는가?

스테파네트 아가씨가 바구니에서 식량을 내려 놓으며, 신기한 듯이 주위를 둘러보았다.

"그러니까 여기가 네가 사는 곳이구나, 불쌍한 목동 같으니. 그런데 잠은 어디에서 자니?" 그녀가 말했다.

"저쪽이에요." 나는 대답했다.

나는 염소 가죽을 덮은 짚으로 만든 침대가 있는 작은 오두막집으로 그녀를 안내했다. 그리고 나는 벽에 있는 고리들을 가리켰다.

"그리고 여기에 옷과 총을 걸어둬요." 나는 말했다.

스테파네트 아가씨가 부드럽게 미소를 지었다.

"혼자서 정말 외롭고 심심하겠다. 무얼 하며 시간을 보내니?" 그녀가 말했다.

p.22~23 '당신만을 생각하죠, 아가씨!'라고 말하고 싶었다.

하지만 그런 말을 할 수는 없어서, 나는 아무 말도 하지 않았다. 당황해 하는 내 모습에 그녀가 재미있어하는 기색을 보였다.

"친구들이라도 가끔 찾아 와? 아니면 혹시 요정 에스테렐이라도?" 그녀가 물었다.

그녀는 요정 에스테렐이 생각날 만큼 예쁘게 웃었다. 나는 어떻게 대답해야 할지 몰라서, 아무 말도 하지 않았다.

그녀는 잠시 나를 찬찬히 바라보다가, 떠나려고 발길을 돌렸다.

"자, 이제 집으로 돌아가야겠어. 잘 있어, 목동아." 그녀가 말했다.

스테파네트 아가씨는 빈 바구니들을 실은 노새를 타고 가파른 길을 내려가 사라졌다.

하지만 노새의 발자국 소리는 한동안 계속 들렸다. 나는 그 소리를 계속해서 듣고 싶었다. 발자국 소리는 너무나 반가웠던 방문객을 생각나게 했다.

p.26~27 저녁 무렵, 골짜기의 아랫부분부터 점점 푸른빛을 띠기 시작했다. 나는 내가 자는 곳에서 가까운 들판으로 양 떼를 데리고 왔다.

자질구레한 일을 끝냈을 무렵, 집 근처 아래쪽에서 어떤 목소리가 들렸다. 그것은 나를 부르는 스테파네트 아가씨였다.

아가씨의 얼굴에는 더 이상 웃음기가 없었다. 그녀는 물에 흠뻑 젖어 추위와 두려움으로 떨고 있었다.

"아랫마을로 가는 길에, 너도 알다시피 강이 있잖아. 폭풍으로 인해 강이 넘쳤어. 강을 건너려고 했지만, 거의 물에 빠져 죽을 뻔 했어. 너무 무서웠고 어떻게 해야 할지 몰랐어. 그래서 여기로 다시 돌아 온 거야." 그녀가 떨리는 목소리로 말했다.

스테파네트 아가씨는 집으로 가는 다른 길을 몰랐다. 나는 염소들을 내버려두고 그녀를 집까지 데려다 줄 수 있는 상황이 아니었다.

나는 걱정이 되었고 어떻게 해야 할지 몰랐다. 그녀가 산에서 밤을 보내는 것은 무척 무서울 것이라는 생각이 들어서, 나는 그녀를 안심시키려 애썼다.

p.28~29 "7월은 밤이 짧아요, 아가씨. 곧 날이 밝을 거예요, 그리고 하룻밤이잖아요." 나는 말했다.

나는 그녀의 젖은 옷과 발을 말려주려고 불을 피웠다. 그리고 그녀를 위해 우유를 데우고 치즈를 가져다 주었다. 하지만 그녀는 마음이 진정되지 않아 먹지도 마시지도 못했다. 그녀의 눈에서 굵은 눈물이 뚝뚝 떨어졌고 나도 덩달아 울고 싶었다.

마침내 밤이 오고, 나는 스테파네트 아가씨의 마음을 가라앉혀 주려고 애를 썼다. 그녀를 위해 침대에 새로운 짚을 깔고 부드러운 새 염소 가죽을 덮어 잠자리를 마련해 주었다. 나는 잘 자라는 인사를 하고 문을 지키기 위해 밖으로 나왔다.

나는 내 집에서 쉬고 있는 스테파네트 아가씨 생각을 하지 않으려 애썼다. 나는 이렇게 소중한 사람을 돌보는 큰 책임을 맡은 것이 자랑스러웠다.

그날 밤은 그 어느 때보다 별이 밝게 빛나는 것 같았다. 염소들이 짚단 위에서 부드럽게 몸을 뒤척이며 잠결에 매애 우는 소리가 들렸다.

갑자기 스테파네트 아가씨가 내 옆에 나타났다. 그녀는 잠이 오지 않아 불 옆에서 몸을 녹이고 싶다고 했다. 나는 덮고 있던 염소 가죽을 그녀의 어깨에 둘러

주었다. 그리고 우리는 아무 말 없이 불 앞에 나란히
앉았다.

p.30~31 별 빛을 받으며 야외에서 밤을 지
새본 적이 있는가? 만약 그렇다면 우리가 잠
든 동안 마음 속에 신비로운 세상이 깨어난
다는 사실을 알게 될 것이다.

연못에 비치는 달빛과 별빛은 마치 불꽃처
럼 반짝인다. 고독과 적막 속에서는 모든 소리
들이 더욱 똑똑하게 살아난다. 그리고 기나긴 밤의
고요 속에서는, 심지어 초목들이 자라나는 소리마저 들려오는 듯하다.

바로 그럴 때야말로, 낮이 사람에게 더 적합한 시간이며, 밤은 그 외 다른 생명체들
이 살아나는 시간임을 깨닫게 되는 때이다. 어둠에 익숙하지 않은 사람들에게 밤은 두
려운 존재이다.

스테파네트 아가씨는 아주 조그만 소리에 몸을 떨면서 내 쪽으로 더 가까이 붙었다.
우리는 하늘에 아름다운 유성을 바라보았다.

"저게 뭐야?" 그녀는 무섭다는 듯이 속삭였다.

"아가씨, 저건 이승의 몸에서 영혼이 빠져 나와 천국으로 올라가는 거래요."

나는 성호를 그었다. 그녀도 마찬가지로 성호를 그으며 조용히 기도를 올렸다. 그리
고는 내 쪽으로 더 바짝 몸을 붙었다.

p.32~33 "그러면 목동아, 너와 같은 목동들은 마법사라는 말이 사실이니?" 그녀가
물었다.

"아뇨, 아가씨. 하지만 저희들은 별과 좀 더 가까이 살아요. 산 아래 사는 사람들보
다는 별들에게 일어나는 일을 더 잘 알 수 있죠." 나는 말했다.

양손을 머리에 둔 채, 그녀는 하늘을 올려다 보았다.

"정말 아름다워. 이렇게 수많은 아름다운 별들을 보는 건 처음이야. 혹시 별들의 이
름을 아니, 목동아?" 그녀가 말했다.

"그럼요, 아가씨." 내가 말했다. "바로 우리 머리 위에 있는 게 '성 야곱의 길'이에
요. '은하수'라고도 하죠. 사라센인들과 싸우는 샤를마뉴 대제를 도우러 성 쟈크께서
부하들을 이끌고 프랑스에서 스페인까지 저 길을 따라 갔대요."

나는 다른 별자리를 가리키며 말했다. "그리고 저것이 굴대 네 개가 멋진 '큰곰자

리'예요. 앞쪽의 별 세 개가 '세 마리 짐승'이고요, 작은 별이 '마차부'예요. 그 주위에 비처럼 쏟아지는 듯한 별들이 보이시죠?"

"응, 보여." 그녀는 말했다.

p.34~35 "네, 저 별들은 천국으로 올라가지 못한 나쁜 사람들의 마음이래요." 나는 계속 말을 이었다. "자, 지평선 쪽으로 조금 더 아래쪽에 있는 별이 보이시죠? 저건 '오리온'자리예요. 밤에는 저 별자리의 위치로 시간을 알 수 있어요. 그러니까 지금은 자정이 지났다는 걸 알 수 있죠. 그리고 남쪽으로 조금 더 아래쪽에 저 별이 보이세요? 저건 별들의 햇불인 '시리우스'예요. 어느 날 밤, 시리우스와 오리온, 플레이아데스가 어떤 별의 결혼식에 초청을 받았대요. 플레이아데스가 제일 먼저 출발해서 밤하늘로 날아올라 갔죠. 보세요, 저기 아래쪽에 있어요."

"응, 그래, 나도 보여." 스테파네트가 말했다.

"오리온이 곧바로 출발해서 따라잡았지요. 하지만 게으른 시리우스는 너무 늑장을 부리다가 뒤쳐지고 말았죠. 그리고 매우 화가 나서 그들을 멈추게 하려고 지팡이를 던졌대요. 그게 바로 오리온이 '시리우스의 지팡이'라고 불리곤 하는 이유래요. 하지만 아가씨, 모든 별들 가운데에서 가장 아름다운 별은 저녁별(금성. 새벽별이라고도 함)이에요. 저녁별은 우리가 새벽에 가축들을 몰고 나갈 때, 그리고 또 저녁 때 우리가 돌아올 때 길을 밝혀주죠. 우리는 저 별을 '마귈론'이라고 불러요. 토성의 뒤를 쫓아다니며, 7년마다 한번씩 토성과 결혼하는 별이 바로 저 아름다운 마귈론이죠."

p.36~37 "별들이 왜 결혼을 해?" 그녀는 물었다.

내가 막 별들이 결혼을 하는 이유를 설명하려 할 때, 스테파네트 아가씨가 졸음으로 무거워진 머리를 내 어깨에 기대는 것이 느껴졌다. 리본이 바스락거리는 소리가 들렸고 곱슬머리가 목에 닿는 감촉을 느낄 수 있었다. 그것은 가장 황홀한 순간이었다. 별

들이 사라지기 시작하고 지평선에 다시 해가 떠오를 때까지 그녀는 그렇게 내게 기대어 있었다. 나는 이 밤이 영원히 계속되기를 바랬고 이 기억이 가장 소중한 보물이 될 것임을 알았다.

하늘에 별들이 반짝였고, 나는 잠든 스테파네트 아가씨를 바라보았다. 우리 주위의 별들은 고요했고 조용히 운행을 했다. 어떤 순간은 나 자신이 마치 그 별들 중 하나인 듯한 기분이었다. 그리고 그 중에서도 가장 아름답고 찬란한 별이 살며시 내 어깨에 머리를 기대고 잠들어 있다는 기쁨을 느낄 수 있었다.

우리 글로 다시 읽기
마지막 수업

1장 | 학교에 지각하다

`p.44~45` 그날 아침 나는 학교에 지각했다. 하멜 선생님이 꾸중하실 것이 눈에 선했다. 어제 선생님께서는 분사에 대해 물어볼 것이라고 하셨지만, 나는 분사에 대해 아무것도 몰랐다.

'하멜 선생님에게 호되게 야단을 맞을 텐데.' 나는 생각했다.

밖은 무척 따뜻하고 화창했다. 숲 속에서 새들이 즐겁게 지저귀는 소리가 들렸다. 잠깐 동안, 도망가서 들판에서 하루를 보낼까 생각했다.

숲 가장자리를 지나가는데, 프로이센 병사들이 훈련하는 모습이 보였다. 분사법보다 훨씬 재미있어 보였다. 하지만 나는 유혹을 뿌리치고 서둘러 학교로 갔다.

나는 무척 빠르게 걸어 곧 마을로 들어섰다. 시청 앞을 지나가는데, 많은 사람들이 시청 앞 게시판에 모여 있었다. 그들은 게시판에 쓰여진 것을 보려고 애쓰고 있었다.

p.46~47 지난 2년 동안, 패전, 징병, 프로이센 부대
장의 명령 등 나쁜 소식은 모두 거기서 나왔다.

'정말 좋은 소식은 하나도 없었어. 드디어 좋은 소
식이 있는지 정말 궁금해.' 나는 생각했다.

나는 최대한 빠르게 달렸다. 하지만 마을 대장장
이인 바흐쳐 씨가 나를 보았다.

"그렇게 서두르지 마라. 너는 제 시간에 학교에 도
착할 거야!" 그가 소리쳤다.

나는 그가 나를 놀린다고 생각했다. 곧 나는 학교 건물 바로
밖에 있는 하멜 선생님의 화단으로 들어갔다. 나는 무척 숨이 찼다.

막 교실로 들어가려는 순간, 나는 무언가 이상하다는 것을 느꼈다. 평소에는 학생들
이 이야기하는 소리, 책상을 여닫는 소리, 그리고 하멜 선생님이 커다란 쇠자로 탁자
를 요란하게 두드리는 소리를 들을 수 있었다. 나는 조용히 교실에 들어 갈 수 있기를
바랐다. 하지만 오늘은 달랐다. 오직 고요함만이 있었다.

p.48~49 나는 조심스럽게 창문으로 안을 들여다보자 반 친구들이 책상에 앉아 있는
것이 보였다. 하멜 선생님은 쇠자를 들고 왔다갔다하고 계셨다. 내 얼굴은 붉어졌고,
심장이 마구 뛰었다. 나는 교실에 들어가는 것이 너무 두려웠다. 하지만 내가 문을 열
었는데도, 아무 일도 일어나지 않았다.

하멜 선생님은 나를 보시더니 부드럽게 말씀하셨다. "프란츠, 어서 자리에 가서 앉
거라. 너 없이 시작할 뻔했구나."

내가 자리에 앉았을 때, 내 심장은 여전히 마구 뛰었다. 나는 몇 분 간 가만히 앉아
서 하멜 선생님의 말씀에 귀를 기울이려고 애썼다.

마음이 진정되자, 나는 문득 하멜 선생님이 자신의 가장 좋은 옷을 입고 계시다는
것을 깨달았다.

그는 짙은 초록색 코트에 주름이 잡힌 셔츠를 입고 검은색 비단 모자도 쓰고 계셨
다. 하멜 선생님은 보통 시찰을 받거나 시상식이 있는 날에만 저렇게 입으셨다.

p.50~51 학교 전체가 뭔가 이상하고 숙연했다. 나는 친구 쪽으로 돌아보며 무슨 일
인지 물었다. 그때서야 나는 전 시장이었던 하우저 영감과 다른 어른 몇 분이 교실 뒤
편에 앉아 계시다는 것을 알았다. 그들 중 몇 명은 심지어 낡은 교과서를 무릎에 펼쳐
놓고 있었다. 그들은 모두 무척 슬프고 심각해 보였다.

갑자기 하멜 선생님이 의자에 올라가서 진지하지만 부드러운 어조로 말씀하셨다. 모두가 선생님의 말씀에 귀를 기울였다.

"여러분, 베를린에서 명령이 내려왔습니다. 이제부터 알자스와 로렌의 학교에서는 독일어만 가르칠 수 있게 되었습니다. 내일 여러분의 새로운 선생님이 오실 겁니다. 그러니 오늘은 모두 제 말에 집중해 주세요! 오늘 이 수업이 저와의 마지막 프랑스어 수업입니다."

p.52~53 나는 선생님의 말씀에 깜짝 놀랐다. 나는 이제야 시청 앞에서 사람들이 읽고 있던 것이 무엇인지 깨달았다.

'이런, 나의 마지막 프랑스어 수업이라니. 프랑스어를 더 이상 배울 수 없다니! 나는 제대로 쓸 줄도 모르는데. 내가 너무 어리석었어. 수업 시간에 집중을 하지도 열심히 공부하지도 않았어. 새 알을 찾으러 다니고 친구들과 노느라 너무 많은 시간을 허비했어.'

하멜 선생님이 떠나신다고 생각하니 더욱 슬펐다. 나는 이미 그의 날카로운 쇠자와 그의 불 같은 화는 모두 잊었다.

이제야 나는 왜 마을 어른들이 여기 계신지 이해할 수 있었다. 그들은 교실 뒤편에 앉아 계셨다. 그들은 빼앗긴 조국에 경의를 표하려고 오늘 이 자리에 온 것이다. 그리고 40년간 충실히 봉사하신 하멜 선생님에게 감사의 뜻을 전하려고 오신 것이다.

내가 책상에서 깊이 생각에 잠겨 있는데, 내 이름이 불리는 소리가 들렸다.

"프란츠, 프란츠! 어제 배운 분사를 암송해 보거라." 하멜 선생님이 말씀하셨다.

나는 갑자기 현실로 되돌아왔다. 하멜 선생님께서는 나에게 말씀하고 계셨다. 나는 얼어붙었다. 내가 분사를 암송할 차례였다.

'분사를 공부했더라면 좋았을 텐데.'

p.54~55 나는 분사를 암송하려 했지만, 그럴 수 없었다. 나는 초조하게 책상을 움켜지고 서 있기만 했다. 심장이 무척 빠르게 뛰었고, 나는 하멜 선생님을 쳐다볼 수가 없었다.

"프란츠, 너를 나무라지는 않으마." 선생님이 말씀하셨다. "너도 마음이 많이 아플 거야. 자, 여러분! 우리는 스스로 매일 이렇게 말하곤 합니다. '아직 시간이 많아. 내일

하면 돼.' 그리고 이제 그 내일이 되었고 우리는 여전히 배우느라 애를 먹고 있습니다. 어느 사이에, 더 이상의 시간은 없습니다. 시간은 결국 바닥나고, 이것은 이 마을 전체의 문제입니다. 모두가 오늘 해야 할 일을 내일까지 미루고 아무 것도 하지 못합니다. 이제 적군들은 이렇게 말할 것입니다. '당신들은 자신이 프랑스인이라고 하면서 당신네 언어를 말하지도 쓰지도 못하는군요. 어떻게 그런 일이 있을 수 있습니까?'"

그리고 나서 하멜 선생님은 나를 보며 말씀하셨다. "속상해하지 말거라, 프란츠. 우리 모두가 잘못이 있어. 우리 모두가 절박함이 부족했던 것에 책임이 있어."

그는 깊은 한숨을 쉬며 사람들을 바라보았다.

"여러분의 부모님들은 여러분에게 공부를 하라고 채근하지 않으셨습니다. 때로는 가욋돈을 벌고자 농장이나 방앗간에서 여러분이 일을 하도록 시켰어요."

그는 다시 한번 한숨을 쉬었다.

"하지만 저 역시 잘못이 있습니다. 가끔씩 여러분에게 공부를 시키지 않고 대신 화단을 가꾸라고 시켰어요. 그리고 내가 낚시를 가고 싶을 때면, 휴강을 했어요. 그래서 우리 모두가 이 불행한 사태에 대해 책임이 있어요."

2장 | 슬픈 프랑스어 수업

p.58~59 하멜 선생님은 조용히 일어서서 잠시 동안 학생들을 바라보았다.

그리고 말을 이었다. "프랑스어는 세계에서 가장 우아하고 명확한 언어입니다. 우리는 프랑스어를 지켜야 하고 절대 잊어서는 안됩니다. 다른 나라의 지배를 받더라도, 우리의 언어를 굳게 지켜야 합니다. 그럴 때만이 언젠가 우리가 다시 자유를 되찾을 수 있을 것입니다."

선생님은 문법책을 펴고 수업 내용을 읽어 주셨다. 나는 그 어느 때보다 열심히 들었다. 내용이 너무 잘 이해가 되어서 놀랐다. 모든 것이 너무 쉽고 재미있게 느껴졌다.

'왜 전에는 프랑스어가 이렇게 쉽고 재미있지 않았을까?' 나는 나 자신에게 물었다.

하지만 나는 그 답을 알고 있었다. 그것은 나의 마지막 프랑스어 수업이었고, 나는 시간을 헛되게 보낸 것을 후회했다. 나는 계속해서 수업에 무척 집중했다.

p.60~61 하멜 선생님은 모든 것을 그렇게 많은 인내심을 가지고 열정적으로 설명해 주신 적이 없었다. 불쌍한 선생님은 마치 떠나기 전에 자신이 알고 있는 모든 것을 우리에게 알려주려고 하시는 것 같았다.

문법 수업이 끝나고, 쓰기 수업을 시작했다. 하멜 선생님은 우리에게 아름다운 필기체로 '프랑스, 알자스, 프랑스, 알자스'라고 쓰여 있는 아름다운 새 사본을 주셨다.

모두가 머리를 숙이고 쓰기 시작했다. 무척 조용했고, 들리는 소리는 오직 사각거리는 펜 소리밖에 없었다.

딱정벌레 몇 마리가 교실 안으로 날아왔지만, 아무도 신경 쓰지 않았다. 지붕 위에서 비둘기들이 구구 우는 소리가 들렸다.

'독일인들은 비둘기들도 독일어로 울게 만들까? 그럼 끔찍한 일이 될 거야.'

내가 교실을 둘러보자 모두가 자기 자리에 앉아 열심히 공부를 하고 있었다.

p.62~63 내가 하멜 선생님을 보았을 때, 선생님은 꼼짝 않고 의자에 앉아 계셨다. 움직이고 있는 것은 눈뿐이었다. 그는 한 사물을 한참 바라본 뒤 다음 사물을 바라보았다. 모든 것을 마음 속에 각인시키려고 애쓰는 것 같았다.

창문 밖에는 그가 40년 동안 아끼며 가꾼 화단이 있었다. 그는 나무와 꽃을 가꾸며 오랜 시간을 보냈다. 그는 이 모든 것을 남겨두고 가게 되어 분명히 가슴이 아플 것이다. 이곳은 그의 집과 같았는데, 이제는 그에게서 빼앗길 것이다. 나는 갑자기 오늘이 선생님에게 무척 고통스러운 날일 것이라는 생각이 들었다. 그는 학교에 자신의 삶을 바쳤다.

p.64~65 쓰기 수업이 끝나고, 역사 수업이 시작되었다. 모두 함께, 학생들은 수업 내용을 읽었고 교실 뒤쪽에 있던 마을 사람들은 따라 읽었다. 나는 그들을 보려고 뒤로 고개를 돌렸는데, 몇몇 사람들은 울고 있었다. 학생들과 함께 따라 읽는 그들의 목소리는 떨리고 있었다.

갑자기 교회 시계가 정오를 알렸다. 그와 동시에 프로이센 병사들의 트럼펫 소리가 들렸다. 병사들이 훈련에서 돌아온 것이다. 그들은 이제 학교 창문 밖에 있었다.

하멜 선생님이 일어섰다. 그는 창백하고 아파 보였다.

"마을 여러분들, 어린이 여러분. 저는… 저는…" 그가 말했다.

하지만 그는 문장을 끝맺지 못했다. 그는 칠판 쪽으로 몸을 돌려, 분필로 "프랑스 만세!"라고 최대한 크게 썼다.

그리고 하멜 선생님은 멈추더니 눈을 감고 벽에 머리를 기댔다. 그는 우리에게 손짓을 하며 말했다.

"수업은 끝났습니다. 가도 좋습니다."

우리 글로 다시 읽기

스갱 씨의 염소

`p.70~71` 스갱 씨는 모든 염소를 한 마리씩 같은 방법으로 잃었다. 염소들은 목줄을 끊고 더 푸르른 초원을 찾아 산으로 도망쳤다.

하지만 배고픈 늑대는 염소들을 다 잡아먹었다. 염소들은 주인에게 충성심이 없었고, 늑대에 대한 두려움이 없었다. 아무 것도 그들을 붙잡을 수 없었다. 염소들은 자신들의 목숨을 잃더라도 자유를 원했다.

스갱 씨는 무척 속이 상했다. 그는 왜 염소들이 그의 곁을 떠나려 하는지 이해할 수 없었다.

"이제 안 되겠어. 염소들은 우리 집에 있는 걸 지겨워 해. 이제 더 이상 염소를 기르지 않을 거야." 그는 슬프게 말했다.

하지만 여섯 마리의 염소를 모두 잃은 후에도, 그는 한 번만 더 키워 보기로 했다. 이번에는 아주 어린 염소를 샀다. 그 염소는 아주 어렸기 때문에, 염소가 바깥 세상에 대해서는 전혀 모르고 스갱 씨의 목초지에 머무르며 풀을 뜯어먹고 사는 것에 만족하기를 기대했다.

p.72~73 작은 염소는 무척 귀여웠다. 염소는 부드러운 갈색 눈에 빛나는 검은색 발굽과 줄무늬 뿔, 그리고 긴 하얀색 털을 가지고 있었다. 염소는 온순하고 사람을 잘 따르는 데다 무척 사랑스러웠다. 작은 염소는 젖을 짤 때도 움직이지 않았고, 절대 젖통에 발을 넣지도 않았다. 염소는 정말 사랑스러웠다.

스갱 씨의 집 뒤에는 산사나무 울타리로 둘러싸인 넓은 목초지가 있었다. 이곳은 그의 새 염소에게 딱 맞는 곳이었다. 그는 염소를 목초지의 가장 좋은 쪽에 목줄을 아주 느슨하게 매어 말뚝에 묶어 놓았다.

가끔씩 그는 염소가 잘 지내고 있는지 보러 갔다. 염소는 항상 행복하게 풀을 뜯고 있는 것처럼 보였다. 스갱 씨는 기뻤다.

'마침내! 이 염소는 나와 사는 것을 지루해하지 않는 것 같군. 나는 이 염소를 블랑케트라고 부르겠어.'

하지만 스갱 씨의 생각은 틀렸다. 염소는 지루해하고 있었다.

p.74~75 어느 날, 염소가 갈망하는 듯이 산을 바라보며, '산 위에서 맑은 공기를 마시고 살면 정말 좋을 거야. 내 목을 둘러싼 목줄 없이 히드 숲에서 마음껏 뛰어 놀면 얼마나 좋을까! 나 같은 염소는 가고 싶은 곳을 자유롭게 다닐 수 있어야 해.' 라고 생각했다.

그날부터, 염소는 목초지의 풀을 먹으려 하지 않았다.

'풀이 맛이 없어. 산에 있는 풀이 훨씬 더 달콤하고 맛있을 거야.' 염소는 생각했다.

곧 염소는 살이 빠지고 젖은 거의 말라 버렸다. 산을 바라보며 목줄을 풀려고 하는 염소의 모습은 가련해 보였다. 그리고 가끔씩 염소가 처절하게 매애하고 우는 소리를 들을 수 있었다. 스갱 씨는 곧 자신의 작은 염소에게 문제가 생겼다는 것을 깨달았다. 하지만 그는 그것이 무엇인지는 알 수 없었다.

어느 날 아침, 스갱 씨가 염소의 젖을 짜려고 할 때, 염소가 스갱 씨를 돌아보며 말했다. "스갱 씨, 저는 너무나 산으로 가고 싶어요."

"아, 이런. 이 염소마저!" 스갱 씨가 외쳤다.

그는 놀라서 젖통을 떨어뜨렸다. 그리고 염소 옆에 있는 풀밭에 앉았다.

"그래서 너도 나를 떠나겠다는 거냐, 블랑케트?"

"그래요, 스갱 씨." 염소가 대답했다.

"여기에 풀이 모자라서 그런 거니? 아니면 목줄이 너무 짧아서 그런 거니? 목줄을 좀 길게 해줄까?" 스갱 씨가 물었다.

p.76~77 "아니에요, 스갱 씨. 목줄은 안 짧아요." 염소가 말했다.

"그러면 뭔가 필요한 게 있니?" 스갱 씨가 물었다.

"저는 정말 산으로 가고 싶을 뿐이에요." 염소가 말했다.

"하지만 블랑케트, 산에는 커다란 늑대가 살고 있어. 늑대가 너를 찾으면 어떻게 할 거니?" 그가 물었다.

"제 뿔로 늑대를 받아 버릴 거예요, 스갱 씨!" 염소가 대답했다.

"늑대는 네 뿔 따위에 신경도 안 쓸 거야. 늑대는 너보다 더 큰 뿔을 가진 염소들도 다 잡아먹었어. 작년에 여기 살았던 불쌍한 르노드에 대해 말해주지. 르노드는 무척 강인해서 늑대와 밤새도록 싸웠어. 하지만 아침에 늑대에게 잡아먹혔지." 스갱 씨가 말했다.

"불쌍한 르노드! 하지만 그런 건 문제가 되지 않아요. 저는 제 마음을 바꾸지 않을 거예요, 스갱 씨. 제가 산으로 가게 해주세요!"

"세상에! 내 염소들을 어떻게 해야 하지? 또 한 마리가 늑대의 다음 번 먹잇감이 되려 하다니. 안 돼, 절대 그렇게 둘 수 없어. 네가 원하든 원치 않든 간에, 나는 네가 끔찍한 죽음을 당하지 않도록 할 거야. 너를 외양간에 가두면 너는 도망갈 수 없겠지." 스갱 씨가 말했다.

그리고 스갱 씨는 정확히 그렇게 했다. 그는 작은 염소를 어두운 외양간 안으로 데리고 간 후 나가면서 문을 꽉 잠갔다. 하지만 그는 깜빡 잊고 창문을 닫지 않았다. 그래서 스갱 씨가 가자마자, 블랑케트는 창문을 타고 밖으로 나가 산으로 향했다.

p.78~79 작은 염소가 산에 도착하자 모두가 기뻐했다. 늙은 전나무들도 이렇게 사랑스러운 염소를 본 적이 없었다. 밤나무들은 몸을 굽혀 잎으로 염소를 쓰다듬었다. 금작화들은 염소를 위해 길을 열고 염소가 지나가자 부드럽게 쓰다듬었다. 염소는 여왕과 같은 대접을 받았다.

블랑케트는 원하는 대로 자유를 누렸고, 원하는 것은 무엇이든 먹었다. 염소 주변에는 수많은 야생화가 달콤하고 맛있는 풀밭에 흩어져 있었다. 커다란 초롱꽃과 달콤한 즙이 넘쳐흐르는 야생화들이 있었다. 염소는 다리를 공중에 들고 밤나무들 아래로 굴러다녔다.

갑자기 염소가 펄쩍 뛰어 올랐다. 그리고 과감하게 회양목과 금작화 숲을 지났다. 산을 오르락내리락하며 구석구석을 둘러봤다.

p.80~81 블랑케트는 아무것도 두렵지 않았다. 염소는 넓은 개울을 뛰어 넘고 안개에 흠뻑 젖었다. 그리고 나서 따뜻한 햇살에 몸을 말리기 위해 평평한 바위에 몸을 쭉 뻗고 누웠다.

첫날 오후에, 염소는 가파른 언덕 위에서 스갱 씨의 집을 바라보았다.

"목초지가 정말 작기도 하네. 내가 저기에서 어떻게 살았을까? 지금 나는 너무 행복하고 새처럼 자유로워." 염소가 혼잣말을 했다.

그리고 염소는 눈물이 얼굴을 타고 흘러내릴 때까지 웃고 또 웃었다. 마치 자기가 세상을 다 가진 것 같은 기분이 들었다.

아직까지는 블랑케트에게 최고의 날이었다. 정오 무렵, 염소는 점심으로 야생 포도를 먹고 있는 한 무리의 사슴들을 만났다. 사슴들은 염소에게 반해서, 야생 포도를 먹기에 가장 좋은 자리를 내주었다.

블랑케트는 어린 사슴 한 마리와 친구가 되었다. 그들은 행복하게 숲 속을 거닐고 바위를 오르락내리락하면서 시간을 보냈다.

p.82~83 갑자기 바람이 강하게 불고 저녁이 되면서 산이 보랏빛으로 물들었다.

"설마 벌써 밤일 리가 없어. 난 지금 너무 즐거운 시간을 보내고 있는데." 작은 염소가 말했다.

안개가 자욱한 골짜기 아래쪽에, 스갱 씨 집의 지붕과 굴뚝에서 나오는 연기가 보였다.

블랑케트는 집으로 돌아가는 양 떼들의 방울 소리를 듣고 슬퍼졌다.

예고도 없이, 한 마리 매가 염소의 머리 위로 날아왔다. 염소는 몸을 숙여 피했지만, 매의 날개가 거의 염소를 잡아챌 뻔 했다.

갑자기 길고 무시무시한 울음소리가 산속에 울려 퍼졌다. 그리고 나서 아래쪽 골짜기에서 스갱 씨의 뿔피리 소리가 들려왔다.

"집으로 돌아와! 집으로 돌아와!" 뿔피리가 외쳤다.

그리고 늑대가 다시 긴 울음소리를 냈다. 블랑케트는 집으로 갈까 하는 생각도 했지만, 목줄과 울타리가 쳐진 목초지가 생각났다.

'나는 다시 그 모든 것을 참을 수 있을 것 같지 않아.'

p.84~85 뿔피리는 여러 번 염소를 부르더니 잠잠해졌다. 갑자기 등 뒤에 있는 수풀에서 부스럭거리는 소리가 들렸다. 염소는 천천히 뒤를 돌아보고는 깜짝 놀랐다.

큰 밤나무 그늘 아래에 커다란 회색 늑대가 있었다. 늑대는 동상처럼 꼼짝 않고 앉아서 번뜩이는 큰 두 눈으로 염소를 지켜보고 있었다.

블랑케트가 걸어서 도망가려 했지만, 늑대는 으르렁거렸다. "이런! 이런! 나는 네가 누군지 알지! 너는 스갱 씨의 작은 염소로구나."

그리고 나서 늑대는 길고 붉은 혀로 입맛을 다셨다. 블랑케트는 너무 두렵고 외로웠다. 염소는 밤새도록 늑대와 용감하게 싸우다 잡아먹힌 늙은 르노드의 이야기가 생각났다.

하지만 염소는 혼잣말을 했다. "난 늑대의 다음 번 먹잇감이 되지는 않겠어!"

그래서 블랑케트는 고개를 숙이고, 자신의 뿔로 늑대와 싸울 태세를 갖춰 늑대를 정면으로 바라보았다.

'염소가 늑대를 죽일 수 있다고 생각하지는 않아. 나는 내가 르노드만큼 버틸 수 있는지 볼 거야.'

p.86~87 늑대가 가까이 다가오자, 블랑케트는 뿔로 늑대를 받았다.

아, 얼마나 용감한 작은 염소였던가! 염소는 온 힘을 다해 늑대와 싸웠다. 적어도 수십 차례 염소는 늑대가 뒤로 물러나 숨을 가다듬어야 하도록 만들었다. 늑대가 쉬는 동안, 염소는 기력을 보충하기 위해 달콤한 풀을 먹었다. 전투는 밤새 계속되었다. 가끔씩 블랑케트는 맑은 하늘에 반짝거리는 별들을 올려다보았다.

'아, 아침까지라도 버틸 수 있으면 좋을 텐데.' 염소가 생각했다.

하나 둘씩 별들이 사라지고, 지평선 너머로 해가 떠오르기 시작했다.

블랑케트는 뿔로 받고 또 받았다. 늑대는 날카로운 이빨로 염소를 물어뜯었다. 아래쪽 골짜기의 농장에서 수탉이 우는 소리가 들렸다.

"마침내! 아침이 왔구나. 나는 이제 용감하게 죽을 수 있겠어." 작은 염소가 말했다.

아름다운 하얀 털가죽이 피로 물든 염소는 땅에 쓰러졌다. 늑대는 작은 염소에게 달려들어 게걸스럽게 먹어 치웠다.

우리 글로 다시 읽기
살베뜨와 베르나도

p.92~93 1870년 크리스마스 이브였다. 대규모 바이에른 마을에는 모두가 크리스마스를 준비하고 있었다.

많은 사람들이 행복하게 눈 덮인 거리를 따라 걷고 있었다. 사람들은 요리기구 상점과 와인 상점, 분주한 가게들을 돌아다니고 있었다. 노점들은 꽃들과 리본, 푸른 호랑가시나무 가지들로 뒤덮여 있었다.

날이 저물고 안개가 내리면서, 쇼핑에 지친 사람들로 가득 찬 마차들이 벨을 울리며 지나갔다.

저 멀리, 저녁 태양의 마지막 붉은 햇살이 지평선 아래로 서서히 사라져가고 있었다. 주택가 창문들에서는 불빛들이 비쳐 나오기 시작했다. 어떤 사람들에게는 성탄절이란 그저 바이에른 군대의 승리를 축하하기 위해 술을 더 마시기 위한 핑계거리에 불과했다.

p.94~95 심지어 구시가지의 유대인들도 축하에 동참했다. 이날 밤, 오거스터스 칸 영감의 눈동자는 일찍이 본 적이 없었을 만큼 반짝이고 있었다.

어깨에는 냅킨을 덮은 조그만 장바구니를 걸머지고 있었다. 냅킨 아래로 병 주둥이와 호랑가시나무 가지들이 보였다.

구두쇠 영감이 이런 것들로 도대체 뭘 하려고 하는 것일까? 그가 크리스마스 축하 파티를 열려고 한다는 게 가능하기나 한 말인가? 가족 모임을 가지거나 게르만 조국을 위해 건배를 하려는 것일까? 당치도 않은 소리였다! 칸 영감에게 조국이 없다는 것은 누구나 다 아는 사실이었다.

"그는 자기 금고에 든 돈 이외에는 그 어떤 것도, 그 어떤 사람도 사랑하지 않아. 그리고 그의 곁에 남아있는 사람들이라곤 오직 채무자들뿐, 가족도 친구도 없어." 사람들이 말했다.

칸의 친구들과 아들들은 군대를 쫓아 떠나버린 지 오래였다. 그들은 군대의 뒤를 따라 다니며 술을 팔거나 시계를 사들였다. 죽은 병사들의 시체를 찾으면, 그들의 주머니에서 귀중품을 빼냈다.

칸 영감은 아들들을 따라가기엔 너무 노쇠했기 때문에 바이에른에 남았다. 하지만 후회는 없었다. 그는 마을의 프랑스인 전쟁 포로들로부터 짭짤한 수익을 올리고 있었다. 병원이나 병영을 슬슬 돌아다니면서, 시계나 우편환, 훈장 등을 사들이는 모습이 눈에 띄곤 했다. 그는 부상자들의 침대 곁에 다가가 나지막한 목소리로 묻곤 했다. "뭐 팔 물건 없으시오?"

p.96~97 칸 영감은 그 크리스마스 이브에 군 병원으로 빠르게 걸어갔다. 5시에 문을 닫기 전에 병원에 도착하고 싶었다. 창문들이 있는 커다란 검은색 건물의 맨 꼭대기 층에서는 두 명의 프랑스인들이 영감을 기다리고 있었다.

이 두 명의 프랑스인들은 살베뜨와 베르나도였다. 이들은 같은 프로방스 마을 출신인 보병들이었다. 같은 중대에 입대했고 같은 폭탄에 부상을 당했었다. 살베뜨는 몸이 더 튼튼했으므로 이미 부상에서 회복되고 있는 중이었다. 그는 심지어 침상에서 일어나 창가 쪽으로 몇 걸음 걸을 수 있는 정도였다.

하지만 베르나도는 결코 회복하지 못할 것 같았다. 그는 하루하루 야위어가고 안색이 나빠져 갔다. 그는 자신이 집에 돌아가지 못할 것이라는 것을 알았고, 고향인 프로방스 이야기를 꺼낼 때면 서글픈 미소를 지었다.

하지만 그는 크리스마스 생각으로 약간이나마 더 활기가 있어 보였다. 프로방스에서는, 한 겨울의 이 크리스마스 축제가 매우 흥겨운 시기였다. 환하게 불을 밝힌 성당에서 자정 미사를 마치고 나면, 마을 사람들은 서둘러 집으로 향했다.

`p.98~99` 그리고는 세 단계의 전통적인 장작불 파티가 거행되는 모습을 구경하곤 했다. 첫 번째는 크리스마스 장작에 불을 붙이는 단계였다. 그 다음에는 장작을 든 집안의 막내와 온 식구들이 집 주위를 행진했다.

마지막으로, 난로에 장작을 넣기 전 그 위에 포도주를 부었다. 그러고 나서야 본격적인 크리스마스 파티가 시작되었다.

그 전 날, 베르나도는 친구에게 크리스마스 이야기를 했었다.

"아, 살베뜨, 올해 크리스마스는 얼마나 슬플까! 빵과 포도주를 살 돈이 있으면 좋겠는데. 죽기 전에 자네와 함께 마지막으로 한 번만 더 크리스마스를 보낼 수 있다면 정말 즐거울 거야!" 그가 말했다

빵과 포도주 이야기를 하면서, 병자의 눈은 빛나기 시작했다.

`p.100~101` 하지만 그들이 무슨 방법이 있었겠는가? 그들은 동전도 없고 시계도 없었다. 살베뜨에게는 아직 외투에 감춰둔 40프랑짜리 우편환이 남아 있었다.

하지만 그 돈은 그들이 다시 자유의 몸이 되어 프랑스에 돌아가는 날을 위해 그것을 아껴 두고 있었다. 그들은 파리에서 함께 그날을 축하하기로 했었다.

'하지만 불쌍한 베르나도가 저렇게 아픈데. 저 친구가 과연 고향에 다시 돌아갈 수 있을지 누가 알겠어? 어쩌면 이번이 우리가 함께 보내는 마지막 크리스마스가 될지도 모르잖아. 결국, 이 돈을 쓰는 편이 낫지 않을까?' 하고 살베뜨는 생각했다.

베르나도가 잠든 사이, 살베뜨는 외투 쪽으로 다가가 우편환을 꺼냈다.

다음 날 아침, 살베뜨는 우편환과 함께 빵과 포도주를 구해달라는 쪽지를 칸 영감에게 주었다. 살베뜨는 자신이 친구를 위해서 계획한 깜짝 선물에 무척 들떴다. 그는 양손을 비비면서, 베르나도를 보면서 혼자 웃었다.

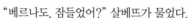

`p.102~103` 밤이 되자, 살베뜨는 이마를 창 유리에 대고 칸 영감을 기다렸다. 병원은 어두웠고, 불이라고는 천장에 매달려 있는 취침등이 전부였다. 이따금씩, 환자가 잠꼬대를 하거나, 악몽으로 소리를 지르곤 했다.

드디어 아래쪽 마당에 칸 영감이 나타나는 것이 보였고, 살베뜨는 그를 맞이하러 서둘러 나갔다. 칸 영감은 살베뜨에게 크리스마스 분위기가 나는 바구니를 살그머니 건네주고 병원을 떠났다.

"베르나도, 잠들었어?" 살베뜨가 물었다.

그는 친구의 침대 곁 테이블 위에 포도주병과 멋진 크리스마스 빵을 올려 놓았다. 베르나도가 눈을 떴다. 취침등의 희미한 불빛에 비친 이 크리스마스 성찬은 마치 베르나도의 눈에는 멋들어진 꿈처럼 보였다.

`p.104~105` "자, 친구, 일어나 보라구!" 살베뜨가 말했다. "프로방스 출신의 두 사내가 포도주를 붓지 않고 자정을 넘길 거라고는 그 누구도 장담 못하지!"

그는 부드럽게 친구를 앉은 자세로 일으켰다. 그리고는 포도주잔들을 채우고 빵을 잘랐다. 그는 베르나도에게 포도주잔을 건네주었고, 두 사람은 프로방스의 추억들을 이야기했다.

포도주와 살베뜨가 해준 이야기 덕분에, 베르나도는 차츰차츰 활기를 되찾았다.

마치 졸라대는 아이처럼, 그는 살베뜨에게 프로방스의 크리스마스 캐롤송을 불러달라고 부탁했다.

"'호스트', '쓰리 킹즈', 아니면 '요셉 성자가 말씀하셨네' 가운데 어떤 곡을 듣고 싶나?" 살베뜨가 물었다.

"난 '목자들'을 가장 좋아해." 베르나도가 말했다. "집에서 항상 그 노래를 불렀었다네."

"그러면 '목자들'로 하지." 살베뜨는 그렇게 말하고, 나즈막한 목소리로 노래를 부르기 시작했다.

`p.106~107` 그는 목자들이 아기 예수를 위해 구유에 신선한 달걀과 치즈를 놓는 마지막 소절을 막 시작했다.

"요셉이 말하기를 '가시오, 부디 매우 현명해지시고,
이제 돌아가시오,
친절한 목자들이여,
이제 떠나시오!'"

갑자기 가엾은 베르나도는 쓰러지며 베개에 머리를 무겁게 떨어뜨렸다. 살베뜨는 그가 잠이 든 줄 알고 그를 흔들었다. 하지만 불쌍한 베르나도를 깨울 수는 없었다. 그의 창백한 손 옆, 침대 위에는 작은 호랑가시 나뭇가지가 놓여 있었다.

살베뜨의 눈에는, 그 호랑가시 나뭇가지가 마치 고인의 베개 옆에 놓는 녹색 종려잎을 떠올리게 했다. 그때서야 그는 친구가 자신의
곁을 떠났다는 것을 깨달았다. 그리고 슬픔으
로 기진맥진하고 눈물에 젖은 채, 그는
목소리를 돋우어 다시 노래하기 시작
했다. 고요한 방 안에 프로방스의
즐거운 노래가 울려 퍼졌다.

"친절한 목자들이여,
이제 떠나시오!"